大师眼中的教育

《"四特"教育系列丛书》编委会　编著

吉林出版集团股份有限公司
全国百佳图书出版单位

图书在版编目（CIP）数据

大师眼中的教育／《"四特"教育系列丛书》编委会编著.
—长春：吉林出版集团股份有限公司，2012.4
（"四特"教育系列丛书／庄文中等主编.在故事中升华经典）

ISBN 978-7-5463-8659-1

I.①大… Ⅱ.①四… Ⅲ.①中小学教育－通俗读物
Ⅳ.① G63-49

中国版本图书馆 CIP 数据核字（2012）第 044091 号

大师眼中的教育
DASHI YAN ZHONG DE JIAOYU

出 版 人　吴　强
责任编辑　朱子玉　杨　帆
开　　本　690mm×960mm　1/16
字　　数　250 千字
印　　张　13
版　　次　2012 年 4 月第 1 版
印　　次　2023 年 2 月第 3 次印刷

出　　版　吉林出版集团股份有限公司
发　　行　吉林音像出版社有限责任公司
地　　址　长春市南关区福祉大路 5788 号
电　　话　0431-81629667
印　　刷　三河市燕春印务有限公司

ISBN 978-7-5463-8659-1　　　　定价：39.80 元

前　言

　　学校教育是个人一生中所受教育最重要组成部分,个人在学校里接受计划性的指导,系统地学习文化知识、社会规范、道德准则和价值观念。学校教育从某种意义上讲,决定着个人社会化的水平和性质,是个体社会化的重要基地。知识经济时代要求社会尊师重教,学校教育越来越受重视,在社会中起到举足轻重的作用。

　　"四特教育系列丛书"以"特定对象、特别对待、特殊方法、特例分析"为宗旨,立足学校教育与管理,理论结合实践,集多位教育界专家、学者以及一线校长、老师们的教育成果与经验于一体,围绕困扰学校、领导、教师、学生的教育难题,集思广益,多方借鉴,力求全面彻底解决。

　　本辑为"四特教育系列丛书"之《在故事中升华经典》。

　　这是一部写给老师的书,因为故事中蕴含着慈爱、和谐、人性的教育方式;这也是一部写给学生的书,因为故事中洒满老师们对学生的温暖、感动、爱意、执着、顽强与刚毅……

　　教育是一门科学,也是一门艺术,是塑造人心智的高超艺术。对于教育人人都有自己的看法,而这本书中的观点能给人以许多启示。本书还汇集了众多著名教育学家、知名教师的经典教育文论,共同领略著名专家学术研究风范,引领我们进入教改理论与实践前沿,分享最新研究成果,把握创新教学理念脉搏,感悟前瞻性的教学思想。

　　教育,润物无声,是一种智慧、一种境界、一种追求。教育的这种智慧,这种境界,这种追求,虽然无声无形,但却有踪迹可寻。在教育实践中,那一个个平凡却并不平淡的片段,或呈现出教师解决问题的教育智慧;或记录着教师走出困惑的教学经历;或展现出教师奉献爱心的热忱。回顾那一个又一个生动的教育实践,既是一个沉淀的过程,也是一个升华的过程。

　　本辑共20分册,具体内容如下:

　　1.《师生情难忘》

　　如果我们的人生有一段华美的乐章,那一定来自老师教给我们的7个音符!一天天,一年年,我们在校园里茁壮成长。从懵懂孩童到青春飞扬,然后进入社会大舞台搏击人生。老师谆谆教诲的深情,是我们前行的灯火,给我们温暖、力量和信念……本书选录了100篇发生在师生之间的真情故事。这些平凡而真切的故事,让我们感动,让我们沉思,让我们回忆,让我们心怀敬意和感激……

　　2.《记忆深处》

　　翩翩红叶,徐徐飘落,总不忘留给土地柔软与肥沃;涓涓泉水,潺潺流淌,总不忘带给岸边甘甜与欢歌。享受"师生"情,奉献真诚心!让我们把握这份情,让心灵浸润在肥沃的土壤,开出绚烂的花朵;让我们紧守这份爱,让生命谱写圣洁的乐曲,唱出青春的赞歌。

在坎坷的人生道路上，是谁为我们点燃了一盏最明亮的灯；在荆棘的人生旅途中，是谁甘做引路人为我们指明前进的方向……是您，老师，把雨露洒遍大地，把幼苗辛勤哺育！无论记忆多么久远，每当想起老师，依然激情难耐；每当面对熟悉的老师，那一瞬间，那一件小事……总是激起我们对老师久蓄于心的感激……

3.《成长足迹》

这是发生在校园里的平凡而又感人至深的师生故事。因为爱，所以在教育的天空下，才会发生这么多感人的故事，这些也是对教育生命的审问、感怀和确认。这是一部写给老师的书，因为故事中蕴含着慈爱、和谐、人性的教育方式；这也是一部写给学生的书，因为故事中洒满老师们对学生的温暖、感动、爱意、执着、顽强与刚毅……

4.《悸动的心灵》

追忆往事并不是轻而易举的事情，在漫长的教育生涯中发现自己最难忘的某一个瞬间，其实也就像重新获得一种生存的意义一样美妙。这些教育故事也许并不是教育的解决之道，但却是对教育生命的审问、感怀和确认。也许我们更应该在教育中活出自己，也许我们既活在未来更活在无限的过去，在这些纷繁复杂却又素朴平凡的场景中，有最乐意的付出，有泪水和智慧，更有日日夜夜用心抒写因而温润无比的爱。

5.《春暖花开》

教育是一门科学，更是一门艺术。执著并献身于教育，不仅需要大步向前，也需要回头反思。回顾那一个又一个生动的教育实践，既是一个沉淀的过程，也是一个升华的过程。走进本书，这里全是暖暖的爱。

6.《孩子的微笑》

教育，润物无声，是一种智慧、一种境界、一种追求。教育的这种智慧，这种境界，这种追求，虽然无声无形，但却有踪迹可寻。在教育实践中，那一个个平凡却并不平淡的片段，或呈现出教师解决问题的教育智慧；或记录着教师走出困惑的教学经历；或展现出教师奉献爱心的热忱。

7.《故事里的教育智慧》

本书主要关注家庭教育、学校教育及社会教育中家长与孩子、教师与孩子、孩子与孩子之间的故事，它的特色是小故事蕴含大道理。其宗旨是：讲述真实的教育故事，研究深切的教育问题，创生新锐的教育思想，激活精彩的教育行动。其风格是：直面真实，创新为本和故事体裁。

8.《难忘的教育经典故事》

根据家长、教师和孩子的困惑，用各种形式的教育故事讲述一些很明白的道理，引导人用智慧的手段促进人的成长。这些故事或来自国外的或来自一线教学的实践，对于教育类人群均具有启发性。一个个使教师深思的小故事，一个个让学生向善的小故事，让我们教师真正领会生命教育的内涵。从现在开始关注生命的成长，关注人类的发展，关注社会的进步。

9.《中国教育名家印记》

在人类文明的进程中,数不清的教育大家,手擎着大旗,浓书着历史,描绘着蓝图,才有了今日教育的巨大进步。他们站在教育的殿堂里,发出的宏音,留下的足印,历史永远都不应该忘记,也不会忘记。

本书编者放眼中国教育进程,遴选出对教育产生重大影响的国内近百位教育名家,对其生平、教育思想、学术成果等进行介绍评说。

10.《外国教育名家小传》

在人类文明的进程中,数不清的教育大家,手擎着大旗,浓书着历史,描绘着蓝图,才有了今日教育的巨大进步。他们站在教育的殿堂里,发出的宏音,留下的足印,历史永远都不应该忘记,也不会忘记。

本书编者放眼人类教育进程,遴选出对教育产生重大影响的近百位世界教育名家,对其生平、教育思想、学术成果等进行介绍评说。

11.《随手写教育》

什么是良好的教育?教育是诗性的事业?性教育何去何从?是否应该把儿童世界还给儿童?假设陈景润晚生40年……本书汇聚了中国最佳教育随笔,对于和教育相关的各个方面问题都有所畅谈,对于教育者和被教育者来说都有所裨益。

12.《我心思教育》

本书涉及到了教育学众多的重要领域和主题,包括教育的真义、教育的价值、教育与社会、教育与生活、课程与教学、道德教育、师生关系、教师的学习与成长等等。它力图用感性的文字表达理性的思考,用诗意的语言描绘多彩的教育世界,以真挚的情感讴歌人类之爱,以满腔的热情高扬教育的理想与信念。

13.《教育新思维》

本书站在教育思想的前沿,以既解放思想又科学审慎的态度,兼用独特的视角,论述了近年的教育理论新说,涉及"教育呼唤'以人为本'"、"公民教育"、"素质教育新解读"、"教育公平与政府责任"、"创新人才培养"、"文化传承与创新"、"教育家办学"等热门话题。这些文章,不避偏,不畏难,遵循教育发展规律和中小学生身心发展规律,引领教育理念和教育实践,反思教育行为误区,无不闪烁着思想和智慧的光芒。对于渴望提升自身理论素养的教育工作者来说,这本书值得一读。

14.《名家名师谈教育》

本书使读者在学习和掌握教育理论的同时,领略到文章的理趣、情趣和文趣,既有助于深厚教师的文化底蕴,又有助于帮助广大教师确立对于教育的理想与信念;既有助于培养和激发广大实践工作者的理论兴趣,又能帮助教师生成教育的智慧和提升广大读者对于生活的热爱与柔情。

15.《世界眼光看教育》

本书荟萃了多位世界级教育思想巨擘的主要思想。从皮亚杰的发生认识论、维果茨基的文化—历史理论、布鲁纳的结构主义,加德纳的多元智能一直到诺丁斯的关怀教育思想等等,现当代世界教育思想的发展脉络清晰、准确而完整。

本书既有思想评介,又有论著摘录,无论教育研究人员还是一线教育工作者,均可非常便捷而精准地从中获得思想大师们的生动启迪,加深对当代教育发展特质的深切理解,是教育、教研、教学工作者不可多得的必备工具书。

16.《大师眼中的教育》

这不是一本以教育专家的身份、眼光、学养来谈教育的书。本书各篇文章提供了许多新史实、新观点,为我国教育史和教育理论工作者长期以来对某些历史人物评价的思维定势提供了新的清醒剂。

17.《教育箴言》

名人名言是前人留给我们的精神财富和智慧结晶。阅读它,不仅能丰富知识,陶冶情操,更能为我们的人生之路指引方向。该书着重论述三方面的内容:教育——造福人类的千秋伟业;教师——人类灵魂工程师、育人的典范;师德——塑造教师灵魂的法宝。

18.《百家教育讲坛》

这是一本兼具思想性、可读性和经典价值的教育智慧读本。书中介绍了孔子、卢梭、爱因斯坦、康德、梁启超、杜威、蔡元培、叶圣陶等几十位古今中外思想家、科学家、教育家关于教育的精彩论述,集中回答了教育的本质、教学的艺术、知识之美、教师的职业生活、儿童的成长等问题。探幽析微,居高声远,让我们直窥教育本原之堂奥。归真返璞,正本清源,你会发现,教育,原来可以如此朴素而美好。

19.《名师真经》

本书从专家心理学研究出发,以新教师到专家教师这一成长过程为线索,剖析了教师在专业化发展中出现的主要问题与阶段性特征,动态性是展现了教师成长的内在原因与实质,并有针对性地提出了促进新教师成为专家教师的系列化教学理念、观点与方法,这有助于教育研究者与实践工作者深入理解教师专业发展的规律,有利于在观念层面上树立科学的教师人才观,以制定行之有效的教师培养方法与措施。

20.《师道尊严》

本书意在激励教师以站着的方式获得成功。全书讲述了站着成长的精神、站着成长的思想、站着成长的基础、站着成长的学问和站着成长的行动。全书力求字字诉说教师成长之心声,篇篇探寻教师优秀之根本,章章开启教师幸福之道路。

由于时间、经验的关系,本书在编写等方面,必定存在不足和错误之处,衷心希望各界读者、一线教师及教育界人士批评指正。

编者

C 目 录
ONTENTS

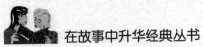

"美玉"也需精雕细琢

◇ 祁秀兰

和往常一样，上完两节课我回到了办公室，可刚一进门班上一个学生随后跟了进来，很委屈的对我说："老师，我觉得很不公平。"追其原因，他说："今天早读的时候班上的英语科代表欺负我。""为什么?"我问。他流着泪说："早晨我一来就告诉她啦，昨晚的单词我没背会，早上提问别点我的名，可她故意叫我，让我在全班同学面前丢脸，这不明摆着欺负我吗?"听了他的话，我安慰了他几句，就让他回去了。后来由于那几天事情太多，忘了这件事，直到有一天，科代表小柯来我办公室问作业，无意间我提到班上的几位同学，说他们需要单独布置作业，"差生!"小柯那种不屑的口气以及那种蔑视的眼神让我惊呆了，一时间真令我窒息。那一刻我才明白了那位同学为什么找我告状，而又为什么流泪。班上确实有一小部分同学，他们成绩优秀，常受到老师的表扬，但他们却也存在"尖子生"所特有的一些毛病。

小柯是英语科代表，当然她学习成绩在班上名列前茅，优秀的成绩使她常常得到老师和同学赞扬，她在别人面前更是光彩照人。然而在她身上却同时孕育着那种自负、自居的心理状态，不良的心态却让她的"光彩"大打折扣，成为一个名副其实的"阴阳人"。所谓"阴阳人"，在这里指小柯作为班上的尖子生，她展现给大家两种心理状态。即积极向上追求知识的良性心理状态和妄自尊大、自傲自负的消极心理状态。而正是这不良的、消极的心理状态却逐渐吞噬着这样一个成绩优秀的学生。作为教育工作者，除了教书还要育人，这就要求教育者要及时了解和帮助这些"尖子生"们，帮他们成为真正健康的人，成为社会有用的人。

"尖子生"是教师的宠儿，是学生心中的英雄。他们懂事理、有礼貌、学习认真，但他们并非完美无缺，虽然是块"美玉"，也同样需要教育者的精雕细琢才能成器。了解"尖子生"，首先得了解他们所共有的一些心理特征：

（1）自负心理：自傲自负在尖子生中表现得较为普遍。他们往往目中无人，唯我独尊，常把自己凌驾于集体之上，与同学关系不太融洽。

（2）自居心理：尖子生处处显示自己与众不同、高人一等，且争强好胜，总爱用自己的优点去比别人的缺点，结果总比别人强。所以，他们妄自尊大，不喜欢参加集体活动，独来独往，常沉浸在个人的内心世界里，易形成清高的心态。

（3）虚荣心理：由于老师的信任和偏爱，致使他们看不到自己的缺点，更看不到别人的优点，当受到批评时，却显得非常警觉敏感，不是虚心改正，而是固执己见，钻牛角尖，这是虚荣心在作祟。

（4）蛋壳心理：长期处于"金字塔尖"的"尖子生"，很少品尝到失败和受批评的滋味，一旦受到打击，就情绪低落，悲观失望。形成外表光亮坚厚，实则不堪一击的"蛋壳心理"。

小柯同学作为班上的"尖子生"，尖子生的自负、自居心理在她身上表现得淋漓尽致。长此以往，势必对他们的成长不利。作为教育工作者，我们有义务也有责任帮助他们走出这些心理上的误区，以使其能尽早成才成器。我们不妨对其从心理上做以下调整。

（1）自我内化。苏霍姆林斯基曾说过："真正的教育是自我教育。"必须让其意识到自己的缺点，指明其改正缺点的必要，让他们革除陋习，发愤图强。

（2）淡化"尖子生"意识。在日常的教学过程中，老师应适当淡化他们的"尖子生"意识，既不能偏袒他们的短，又不能夸大他们的长。使他们通过与同学的平等相处，看到别人的优点，认识到自己的缺点，以使他们能取长补短。

（3）增强"尖子生"的意志力。对"尖子生"，老师不能搞特殊，要一视同仁。对其所犯错误不可忽视，更不可迁就，应严肃批评教育，对一些"尖子生"担任学生干部，决不对其搞"终身制"，合理轮换，让他们适应一下"能上能下"的机制，以使他们能经得住考验。

（4）爱心教育。孔子曰："人非圣贤，孰能无过；过而能改，善莫大焉。"更何况是处于青春期的中学生，用情感去滋润他们，以爱心去浇注他们。让他们合理的正视自我，树立远大理想，有着崇高的人生目标。只要我们老师细心地去雕琢，让这些"尖子生"再接再励，形成良性循环，何愁其不成器呢？

对优秀生培养的几点思考

◇ 张芝莲

　　班级授课制下，真正走进每一个学生的心灵，只能是一种"理想状态"，毕竟教师的精力是有限的，教师的视线常常被几个"问题学生"所牵引，各方面都比较优秀的学生往往给人一种"安全感"。正是这种安全感，使"优秀生"的一些不健康心理被掩盖了：清华大学保送研究生刘海洋不能说不"优秀"、云南大学的马加爵至少是一个学业上的成功者、武汉某重点中学奥赛学生因未能保送而出走、复旦大学的研究生跳楼……这样的例子似乎很多，使我们不得不重新审视和关注"优秀生"问题。

　　一个优秀学生能否成才取决于他是否具备良好的个性品质。许多优秀学生在关键时刻"失常"或"大失水准"究其原因均属于个人心理品质不完善、个人意志品质不是很强之原因，这主要是我们平时对他们"一好全好"的一种不完整的认识。所以我们对优秀生的培养首先应该培养他们的"平常心"。优秀学生拟定计划、选择策略、作业往往比一般学生要迅速，如果因为这样而认为自己高人一等，瞧不起别人，必然会滋长骄傲浮躁的情绪，在认识事实的过程中"轻敌"，导致认识肤浅，自以为是，最终会忽略或缺乏研究事物的一般手段和方法，阻碍自己思维的发展。另外，由于认识事物的过程不是一帆风顺的，其间少不了很多"挫折"，如果因为挫折而一蹶不振，将会影响一个人的终身发展。从这一意义上来说，我们应该在教学过程中增强对他们的挫折教育，鼓励他们勇于突破障碍，培养忍劲。第三，科学素养是任何一个科学家和专业技术人才所必须具备的品质，我们应该给学生介绍科学家一丝不苟、实事求是、任劳任怨、勇于探索的科学作风，介绍科学上的一些重大发现，通过故事让学生明白科学家是怎样洞察事物发展过程中的细微变化而有所发明和有所发现的。同时还得介绍一些由于不尊重自然规律、不具有科学态度而给国家和个人造成一定损失的事例，使他们从中接受经验和教训。另外，一些优秀生总是有一种十分根深蒂固的观念：我是优秀生，社会、家人、教师、同学对我好是理所当然的，至于如何回报他人，另当别论。我之所以优秀，完全是因为自己比别人聪颖。这样造成优秀生在思想、道德、行为出现种种的不良现象，特别是在他们遇到挫折时，心理承受能力较差，以致出现了各种偏差。我认为平时教师要多一双慧眼，关注优秀学生的细微变化，及时发现问题，讲究教育方式，用谈心、鼓励、家访等方法给予正确引导。对于优秀生言行举止傲慢、目中无人的现象，教师要善于施计，巧妙利用课外资源，引导他们学习，并让他们在学习中受到教育和养成谦虚谨慎的学习作风以及脚踏实地地向更高的目标攀登奋进的良好品质。

优秀学生在群体中的作用是无法取代的，他们可能是全班同学的凝聚点，有着强烈的"向心"作用，成为众多同学努力追求的目标和方向，但优秀生在学生群体中没有明确的界定。拥有一批优秀学生，的确是教师的幸运和自豪。但在欢喜的同时，别忘了多关注优秀生的心灵，多与家长沟通，多一些细致、全面的心理辅导，必然使优秀生更加优秀，这是我们所期望的，愿我们拥有更多的优秀生。

加强对优秀生的管理

◇ 钟兰英

回顾六年的班主任工作,我发现,对各方面比较差的学生的管理较严,而对品学兼优的学生的管理有些放松,致使在一些好学生中出了问题。如:有的自私,只管自己,不管别人;有的只能接受表扬,受到批评就灰心丧气;有的借着"权势"瞎批评同学……事物总是处于发展变化过程中,品学兼优的学生也不例外,如果放松对他们的管理教育,他们也会朝相反的方向发展。因此,我觉得,加强对优秀生的管理教育,是老师特别是班主任老师值得研究的一项课题。

好学生发生问题的表现形式虽然不同,但究其犯错误的根源,无外乎是内因、外因两个方面在起作用。从他们本身看,思想不成熟,经不起挫折,理论根基浅,拒腐能力差,进步的动机不纯,目的不明确。另外,学校领导、老师、特别是班主任对他们的管理教育不严、方法不当也是重要因素。我认为,可以从以下四方面来加强对优秀生的管理教育。

一、辩证地看待优秀生

优秀学生基本上可以分为稳定型和摇摆型两种。前者能正确对待和处理在学习成长过程中遇到的困难和问题,自我修养较好,应注意引导帮助他们逐步确立为共产主义奋斗终生的坚定信念,使其思想境界不断升华;后者表现为思想基础不牢固,他们上进的目的性较强,一旦受到挫折,目的没有达到,思想就会出现波动,要注意调动积极因素,帮助他们端正争当优秀生的动机,引导他们向稳定型发展。当然,在管理教育中,要讲究工作方法,以鼓励为主,批评要恰当、适时,防止急于求成、一蹴而就。

二、把握住管理教育中的几个环节

1. 考察关

在培养优秀生以树立典型时,应注意全面了解考察,做到心中有数。

2. 宣扬关

宣扬优秀生的事迹时，要坚决反对和防止"假、大、空"，要实事求是，注意分寸，不夸大，不掺假，不任意拔高。

3. 荣誉关

一部分优秀生当荣誉、赞扬的话接踵而来时，就像走进了一个五颜六色的万花筒，感到头晕目眩，由此沾沾自喜，飘飘然起来，应做好表彰以后的思想工作，积极帮助和引导他们树立正确的荣誉观，即把荣誉作为学习进步的新起点，不断进取，向新的高度冲刺。

三、正确处理管理教育中严与爱的关系

对优秀生的管理教育，要从有利于健康成长出发，爱护其学习、上进的积极性，但又要严格要求，做到严得合理，爱得真诚，爱要以严格要求为基础，要真正关心帮助他们，做到放心不放松，表扬不忘批评。

四、搞好帮教工作

先进帮先进，有利于先进学生之间的相互了解，相互学习，相互促进，取长补短，共同提高，有利于相互团结，发挥先进层的群体作用。先进帮后进，可以有效地防止先进后进两脱节的现象，在互助中先进学生可以不断向后进学生传授知识和先进思想，做好后进生的转化工作，以带动越来越多的学生一道成长进步。

优秀生优良个性特征的培养

◇ 冯庆香

从心理角度讲，个性特征包括能力、气质（秉性或性情）、性格。优良的个性特征应该是：性格温和、热情、奔放；举止优雅大方，神态温和端庄，谈吐幽默；对人忠诚，礼让关怀……

知识经济时代，人类社会丰富多彩，人们的需求各具特色，这使得显露在外的个性特征更直接地影响优秀生的健康成长，培养优秀生优良的个性特征也势在必行。

在优秀生培养计划执行过程中，给我留下深刻印象的是李明明同学。他学习刻苦努力，做事一丝不苟，在优秀生行列中，他的学习成绩从没有掉下前三名。尽管成绩名列前茅，但性格上的缺陷使他自己并不快乐。他性格孤僻，害怕交往，上下学独来独往，课间顾影自怜，就连坐座位也是自己紧挨在老师讲桌旁边。他觉得自己像茫茫大海中的一叶孤舟融不进那个团结的班集体。自己不愿投入火热的生活，还抱怨别人不理解自己，不接纳自己，同学们背地里给他起个"怪人"的绰号。

观察一段时间后，我确认他的表现属于心理疾病中的"孤独症"。老师的责任感呼唤着我必须想办法挽救这个性格上有严重缺陷的同学，走进他的心灵深处，把他从孤独中解救出来。

首先，我多方面分析他产生孤独的原因。内因：主要是内向个性所致，把个人的兴趣转向深邃的内心，不愿与外界的事物、人和环境交往；外因：从其他同学那里得知，他以前的个性不这样，上初中时特别活泼开朗。中考那年，他妈妈突然去世，给他精神上极大的打击，加上不久后继母的进门，使他判若两人，成了现在这个"怪人"。

其次，多角度寻找对策。①利用师生的特殊关系，我主动与他接触，告诉他不应该害怕孤独。诗人布洛克说得好："一个懂得孤独或至少在孤独中思考过自己的人才会更加心胸坦荡，也更能理解别人不理解的事情，最终沿着坦诚的路走出孤独。"②联合班委在班内动员起来，找性格开朗的同学课上同他坐在一起，共同讨论问题；课下拉着他一起做操、踢毽、跳绳，让他充分体验融进班集体的快乐。③与他的家长联系，尽量增进两代人之间的相互了解。要求他的父亲在学习上多关心帮助孩子，日常生活中多关怀体贴孩子，让他再重温往日家庭的温暖。④最关键的是有计划地让他自己多和别人交往，缩小和同代伙伴的差异。告诫他交友要发自内心，从心灵上动员起来，才会有真正的心灵沟通；另外，"投之以桃，报之以李"，要求他从文化修养到兴趣爱好各个方面与同学相互学习，只有对别人信任才能取悦于人，才能获得对方的信任。

经过一年的努力，我终于看到李明明个性特征上质的飞跃：教室中他在滔滔不绝地给同学们讲欧洲足球；体育课上能听到他幽默的话语和开心的笑声；走起路来健步如飞，昂首挺胸。

除孤独这样的例子外，心理紧张、焦虑，处理问题能力欠缺，傲物自视，情绪波动大等问题在优秀生身上也屡见不鲜。这提醒广大教师，在新课程改革大势的推动下，我们应从传统优秀生培养的标准中跳出来，用多智能理论培养优秀生，让他们以健康的人格走向社会。

特长教育促进全面发展

◇ 赵志红

幼儿天生有着强烈的好奇心和求知欲，培养和发展孩子广泛的兴趣和爱好，可以极大地满足孩子的好奇心和求知欲。特长教育恰好能培养和发展孩子广泛的兴趣和爱好。通过多年的特长教育实践，我发现特长教育可以带动孩子的全面发展。

特长班报名时，文文的家长给孩子报了美术班。可以看出，文文并不喜欢画画，总是消极地"应付差事"：上课时，他懒散地趴在桌子上，眼睛里透出一种不情愿。画画时，两手"左右开弓"但只画一个，如果要求他再画几个，他就没精打采地说："我不想画了……"

培养孩子的兴趣和保护孩子的自尊心、自信心同样重要。孩子的心理承受能力比较差，在遇到困难和挫折时容易半途而废，这就要求我们在教育教学活动中要讲究方法。面对孩子的反应，我虽然内心焦急，却不能让自己在孩子面前表现出任何不悦。我俯下身子，一面纠正孩子的握笔姿势，一面满怀期待地对文文说："文文，老师特别喜欢红色的苹果，你帮我画一个，好吗？"孩子不好拒绝老师的请求，就又画了一个，我得寸进尺，继续说："啊！文文画的真棒！你再给爸爸、妈妈画几个吧……"就这样，文文一步一步落入我的"圈套"。

在老师的关注、引导和期待中，文文渐渐地喜欢上了绘画。"兴趣是最好的老师"在文文身上得到了体现，文文的绘画水平提高很快，文文也在点点滴滴中发生着变化：以前相对漠然的眼神被见面时友好的招呼代替；从孩子的坐姿和孩子的眼睛可以看出，以前处于"漫游"状态的思绪被聚精会神所取代；在别的孩子对他作品欣赏的目光中，文文感受到自豪、快乐和满足。

同样的例子在舞蹈特长教育中表现也很突出。例如，本来内向、少言的幼儿，通过在舞蹈班的锻炼，肢体动作舒展、优美、节奏准确，对音乐的感受力和表现力增强，而且也带来了性格上的变化，孩子变得开朗、大方、自信，连表情和眼神也可以传达出与众不同的信息。

经特长教育后，幼儿的成长、变化带给我很多思考。他们提高的不仅是绘画、舞蹈的技能技巧，还培养了孩子良好的课堂常规、学习习惯以及人格、性格、心理上的健康发展，而这些对他们一生的成长都有益。

幼儿时期是人一生中发展最为迅速的时期，在幼儿期，使孩子获得全面、充分的发展，将会为其一生的发展奠定良好的基础，使孩子拥有"一技之长"，将会促进孩子的全面发展。

培养孩子的"一技之长"吧，帮孩子成就多彩的人生！

不妨"借"鲶鱼一用

◇ 赵俊英

军事班的学生聪明、好学，但在中考前的最后几次月考中，他们的成绩明显下降，而且变得毫无斗志，变得安于现状，变得毫无激情，变得没有竞争意识，变得不向命运挑战，俨然成了一只只温水里的青蛙，丝毫没有意识到温水的温柔陷阱。如何让学生赶快从温水里跳出来，不做温水里的青蛙，改变军事班的现状是当务之急。

一个偶然的机会，我看到了一个"鳗鱼的故事"。古时候日本渔民出海捕鳗鱼，因为船小，回到岸边时鳗鱼几乎都死光了。但是，有一个渔民，他的船和船上的各种捕鱼装备，以及盛鱼的船舱，和别人都完全一样，可他的鱼每次回来都是活蹦乱跳的。他的鱼因此卖的价钱高过别人一倍。没过几年，这个渔民就成了远近闻名的大富翁。直到身染重病不能出海捕鱼了，渔民才把这个秘密告诉他的儿子。在盛鳗鱼的船舱里，放进一些鲶鱼。鳗鱼和鲶鱼生性好咬好斗，为了对付鲶鱼的攻击，鳗鱼也被迫竭力反击。在战斗的状态中，鳗鱼生的本能被充分调动起来，所以就活了下来。所有的日本孩子自幼就被灌输了这样的信念：只有勇于挑战，才能拥有成功和希望。

这个故事给我很大的启发，在军事班里能否也"借个"鲶鱼一用，激起他们的斗志呢？在上晚自习课的时候，我从其他班请来了几名相当有实力的学生来军事班听课。对这几位同学来说，进军事班听课是他们的梦想。第一、军事班有优秀的教师。第二、军事班有良好的学习环境。第三、军事班是尖子班。第四、军事班的学生聪明好学。所以，在回答问题时，这几位"鲶鱼"不甘示弱，表现非常的积极，出乎意外的是他们的回答比军事班的同学要认真、精彩得多。这样军事班里就像真的进了几条"鲶鱼"一样，激起了不小的波澜。尤其是那些尖子生，感到震惊，感到压力，感到自己的不足，感到了竞争的激烈。

通过"借"鲶鱼，军事班同学的积极性被调动起来了，他们挑战自我，挑战同学，班里出现了你追我赶的学习风气。鳗鱼的故事给我们的启发：要勇于挑战，只有在挑战中，生命才会充满生机和希望。彩虹总在风雨后，在2004年的中考中，军事班的平均分取得90.75的好成绩，优良率97.50%，优秀率70%。全班升入高中深造。

优秀生培养之我见

◇ 戚灵可

世间的万物中，既有优质的，也有劣质的。在成千上万的学生中也是这样的，既有优秀生，也有学困生。但值得注意的是：在教育界重视学困生的转化工作已蔚然成风，然而对优秀生的思想教育却无人问津。因为在教师的心目中学困生的缺点与不足是明摆着的，许多教师为了提高他们的学习成绩，几乎到了废寝忘食、呕心沥血的地步；而优秀生早已成为教师心目中的乖孩子、好孩子，他们的不足之处易使教师忽略。在长期的教育教学中，我认为一个好的班级，如果只是重视学困生，而不顾及优秀生，这样，不仅对班级无益，也是对优秀生不负责任。因此，对于优秀生教师不能偏爱，要像对待其他学生一样，一视同仁。马克思认为，事物是一分为二的，人也是这样。俗话说："人无完人，金无足赤。"优秀生也有他的长处与不足，作为教师决不能忽视对他们的教育。在我从教的十年中，我发现大多数优秀生存在自傲自大的心态。由于深受教师的厚爱，又在同学中威信很高，容易滋生自满情绪，进而在思想上盲目骄傲，甚至目中无人。要做好他们的思想工作，必须有目的有计划地观察他们的表现，并根据他们的个性特点，分配学习任务，让他们正确认识自己、评价自己、调节好自己的心态，向更高的目标挺进，不断完善自己、锻炼自己。

例如：我们班有一位学生名叫王涛，他在每年的期末考试中都名列前茅，渐渐地产生了自满情绪，认为没有他不会做的题，也没有人比他强。我曾经多次同他谈话，"胜不骄，败不馁"，可他认为老师指出他的缺点是有意挖苦他，简直听不进去。为了更好地帮助他矫正这种不良心理，我对他采取了挫折教育。每次留家庭作业或检测时都给他出一些有难度的题，让他知道也有他做不了的题，同时多让他参加一些数学竞赛，知道还有比他强的人。从而

13

使他懂得"强中更有强中手","三人行，必有我师"的道理。受到挫折教育后的王涛，认识到了自己自傲自大的不良思想，深深感受到老师的教育是好的，下足决心改正过去不良行为。从此以后，他刻苦学习，不骄不躁，学习成绩更是锦上添花，并且还荣获了天津市小学数学竞赛三等奖，是我校唯一获奖的学生。总之，作为一名教育工作者，在做学生思想教育工作的过程中，不仅要抓好学困生的转化，还要抓好优秀生的培养，要及时根据他们表现出来的异常心态，因人制宜，灵活施教。只有这样，才能显示教育的奇效，获得成功教育的契机。我相信，只要教师的工作到家，优秀生才能鹤立鸡群，立足于不败之地。

相信自己

◇ 桑文娣

"谁想当小老师，带着大家把《春晓》这首诗读一读？"话音刚落，已有很多同学举起了小手，只有李雯没有举手，在座位上静静地坐着。"李雯，你不会读这首诗吗？"我用鼓励的眼光看着她，"试试看，好吗？"大家一听我的话，便一起喊起来，"李雯，加油！……李雯，加油！"一次又一次的鼓励，她终于站到了讲台上，"春眠不觉晓……"声音显然有些微颤，但对于她来说已经很努力了，随之同学们给予了热烈的掌声。这掌声就意味着胜利，"李雯，你真棒！"她的脸上露出了灿烂的笑容。

李雯是一个很文静的孩子，聪明、好学，唯一的不足就是胆量太小，不够相信自己。课下的时候，我找她聊天，"你愿意上学吗？""愿意。""那上课的时候不仅要注意听讲，还要给自己展示的机会，大胆一点儿，用你的行动告诉大家你是最棒的！""我就是害怕说错或说得不好同学们会笑话我。"看着她那认真劲儿，我说："只要相信自己是最棒的，不管别人怎么看，你肯定会做得更好。"她也连连点头。在今后的日子里，我不断给她创造机会。比如，晨读时领读，上课带大家读儿歌，担任卫生组长等。大家都对她一次次的表现赞不绝口，我的内心也有些得意。

社区童车比赛要开始了，首先选队员，以举手的方式来决定，有九位同学入选，还差一个怎么办呢？正在我着急的时候，李雯带着一封信找到了我。"老师，我也想参加。"看了信以后我明白了，上午她之所以没有勇气举手，是怕得不了第一怎么办？是这块石头压在她心里。当天我凑巧碰到她的家长，家长说孩子回家告诉了她选队员的事，可是她没举手，当时家长很生气。我问道了李雯平时在家的情况，妈妈说："她很乖巧，就是觉得都应该做到最好。这次参加赛车我希望她能得到锻炼。老师，您看行吗？我已经跟她讲好了。""行，我也给她鼓鼓劲，正好缺她一个。我觉得孩子之所以不够自信的原因，就是你对孩子的期望太高，孩子觉得没有把握，就不敢轻易地相信自己。"我把自己的意见跟家长进行了交流，李雯是个好学生，只要孩子努力了，就应该给予肯定。无论做什么事情都要给孩子足够的空间。让她自己觉得能行，不要老按着家长的意愿要求孩子，多与孩子交流思想，及时了解她心里是怎么想的。这样，孩子的自信心就会慢慢地建立起来了。"看来家长的角色也是举足轻重的。"妈妈说。

是啊！自信，是每个人成功的第一前提。无论是学习方面，还是生活方面，建立孩子的自信，不仅需要老师的鼓励，而且需要家长的耐心教导。让孩子全面健康地发展是我们义不容辞的责任。

为学生梳理心情

◇ 聂荣臻

作为一名教师，最大的心愿，就是拥有一批学习自觉、求知欲强、成绩突出、遵守纪律的优秀学生，他们能给老师带来"安全感"，让老师不必担忧。然而，这样的优秀学生在"优秀"光环的遮蔽下，有的却产生了一些不健康的心理。

我班有一位学生叫周玲，她好学上进，学习成绩一直特别优秀，是一个让老师放心的学生，也是同学们学习的榜样。班干部、科代表、三好学生……各种头衔和荣誉集于一身。

上学期，班里转来一名新同学叫刘晓，期末考试，她考了第一名，成绩超过了周玲。这个学期刚开学的一节班会课上，我让同学们畅所欲言，说说新学期的打算。周玲第一个举起了手，而且双眼含泪，显得很激动。她一字一句地说："我一定要超过刘晓！第一名应该是我！我就是比她强！"周玲的话让我震惊，我从来没有想到，她会把第一看得这么重，在她的心里，"第一"可能就是她的专利。在整个假期里，带着这种心情，她是在一种怎样痛苦的心理煎熬中度过的。这样下去，她的心中将只有不满和不快，永远体会不到学习的真正幸福与快乐。

一个成长中的孩子，有自信心、上进心的确是一件好事，但是，如果她的心里只看中"第一"，一味地争强好胜，不能与同伴分享成功与喜悦，那将是一件很可怕的事情。这说明，她的理想是狭隘的，她的心理也是不健康的。我很为这个孩子担忧。

在一次课外阅读课上，我借了一本早已准备好的《成长的问题》，坐在周玲旁边，寻找借口，和她讨论起来。她思维敏捷，说得头头是道。在我的引导下，她思路的列车渐渐驶入了我预设的轨道。聪明的她，终于明白了我的良苦用心，于是，我开始和她谈心。我发现，她的童心是那样天真，那样纯洁……

渐渐地，我发现她变了，眼神中多了些快乐，少了些忧郁；多了些自信，少了些敌意。她性格开朗了，和同学的关系也融洽了，真正成了一个快乐的小天使。

像周玲这样的优秀学生，由于长期生活在鲜花和光环之中，在思想、道德、行为上就容易出现种种不良现象，特别在他们遇到挫折时，心理承受力较差。所以，作为老师，平时我们要多一双慧眼，关注优秀学生细微的变化，及时发现问题，用适当的方法给予正确引导。让他们更多地接触社会、拓展视野、锤炼意志、开阔胸怀。教师还要善于施计，为学生梳理心情，巧妙利用课外资源，引导他们学会学习，并让他们在学习中受到教育，养成良好的学习习惯，脚踏实地地向更高的目标攀登。

让每个学生都能说"我行"

◇ 马淑霞

使用有趣的材料，运用多种呈现方式，是创设问题的情境，激发学生学习兴趣的行之有效的方法。但仅有这些还远远不够，能不能把孩子们学习的自信心真正培养起来，让每个学生都能在不同的水平上说"我行"，"我能成功"，是培养学生学习积极性的更加根本的问题，也是我们实施素质教育，使每位学生都能得到发展的核心问题。

"我虽然口才不那么好，但我的写作能力不错，天铁周刊上有我的大作呢。""我的'金点子'特别多，比如我想发明一种空调衣服，可以根据气候调节温度。""考试我不行，可修修补补，我可就内行了，不信，哪天你的玩具汽车坏了，让我来，一定成。"……当班主任老师请同学们介绍一下自己的优点，谈一下自己的潜力时同学们纷纷"推销"自己。这是前不久我在"我能行"主题班会上看到的课堂情景。

如何帮助学生建立积极的心理状态，形成自我教育的内部动力机制，开发自我潜能，这是摆在全体教育工作者面前的一道大课题。"没有什么比成功更能体现满足的感觉，也没有什么东西比成功更能进一步鼓起追求成功的信心。"从这一信念出发，我有了"不求生生满分，但愿生生成功"的想法，开始实施"成功教育"教改尝试，在短短两个月时间里，同学们变得爱提问题，爱回答问题，动手能力也提高了，更重要的是，他们个个都变得自信，个个都爱说、都能说"我行"。

围绕"你行，我行"为中心内容，我在班上组织开展了"别人能做到的，我也能做到"、"别人说我行，努力才能行"、"不但自己行，还要帮助别人行"、"你行、我更行"等系列主题教育活动，增强学生自信心，树立成功感。同时，学校开展一系列课外活动，使学生的特长得以发挥，在一点一滴的成

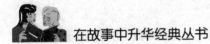

功中逐步走向大的成功。

　　"成功教育"使课堂气氛显得特别活跃。我在教学中始终坚持民主教学，微笑进课堂，给学生以期待，还学生以成功。坚持"低起点、小步子、多活动、快反馈"策略，使学生层层有进展，处处有成功。在一节数学课上，一位女同学每次都踊跃举手，可都没轮得上她，但她不灰心，临下课时，她终于有了机会，当她认认真真回答问题时，同学们热烈鼓掌，称赞她说得好，她也高兴地笑了。这一幕，也许同学们会记忆很久，也许会对他们做人起到一点作用。对这个同学来讲，无疑是有了一次难忘的成功的体验，自信心也一定会由此更强了。这样的例子不胜枚举。

　　成功教育的开展，给学生以雄心、信心、恒心，激发了同学们的求知欲，树立了成功感。一位家长告诉我，过去总嫌女儿字写得不好，接受了我的成功教育建议后，改为夸奖："字写得不错嘛，这样认真，以后一定会写得很漂亮……"从来被指责批评的女儿愣了一下，然后哭了起来，从此，孩子变了，每天到家第一件事就是踏踏实实地写作业，然后认认真真地练半小时字，前不久，在全校书法比赛中，还获得了二等奖。事情就是这样，对学生适时、适度的评价，有着不可低估的教育功能，而这种教育是潜移默化的，也是深入人心的。

　　对学生评价的过程，也常常是教师自身不断激励的过程，学生的反馈以及所表现出来的越来越主动的、充满自信的、积极学习的态度，同样也是对老师的一种评价和鼓舞。在这种相互评价、教学相长的过程中，必然实现着素质教育，必然会使每一个学生都能自信地说："我行！"

小小发明家

◇ **王春梅**

　　一天上午，我伴着清脆的上课铃声走上讲台，刚要讲课，突然一个学生气喘吁吁地从外面跑进来，手里还拿着一个小树枝，我还没来得急开口，同学们便七嘴八舌地责问她了："老师不让拿棍子！""谁让你把树枝带到教室的？"她好像没听见学生的问话，竟然拿着树枝向我走过来，我严厉地说："你拿树枝干什么？扔到垃圾桶里去！"她小声说："老师这是我在外边捡的，我想送给您当教鞭。"听完她的话我先是一愣，随后便开始自责，我急忙笑着说："谢谢你！"

　　她是我们班最不起眼的学生，而且性格孤僻，不善与人交流，经常独自坐在属于她的角落里，我想我一定伤害到了她幼小的心灵，我的心中充满了悔意……

　　下课后我把她叫到一边，问她："你为什么送老师教鞭呢？"她红着脸说："因为您老是用笔当教鞭，所以我就想给您做一个教鞭，我知道这个教鞭不好看，等我再给您做一个好看的教鞭。"我鼓励她说："虽然这教鞭不好看，但老师看到它也高兴，老师相信你一定能做一个又漂亮又好用的教鞭。"她怀疑地望着我，我笑着对她点点头。

　　为了调动学生的注意力，上课时我经常用各种颜色的粉笔板书、配图，而讲课时我又总是手舞足蹈，花花绿绿的手一不小心就把脸或衣服弄脏了。孩子们经常笑我的"花脸"。我也经常笑着说：没办法，都是粉笔惹的祸，如果谁能发明不染手的粉笔就好了。

　　一天清晨，我和往常一样走进教室，突然发现讲桌上放着一支戴帽的粉笔——带着一个深蓝色的彩笔帽。我悄悄地拿起它，写下了这节课的课题。学生写字时我在教室里来回巡视，突然我发现一个彩笔盒里有一支与粉笔上

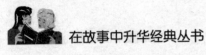

的"帽"相配的深蓝色彩笔。又是她，我抑制不住内心的喜悦，拿起带"帽"的粉笔对同学们说："我发现咱们班有一个小发明家。你们知道她是谁吗？她就是：李——春——"我故意拉长了声音。"啊？"同学们不约而同地发出惊奇的呼声。我接着说："这支不染手的带'帽'的粉笔就是她发明的，我相信，只要她努力学习，多观察研究，将来一定能成为一个伟大的发明家。"这时教室里响起了雷鸣般的掌声……

从那以后我惊喜地发现上课时她的眼睛格外明亮，课间也比以前活跃多了。感谢这把"教鞭"和这支带"帽"的粉笔，是它们帮助我开启了一个女孩孤寂的心灵。我想这把"教鞭"和这支带"帽"的粉笔也会是一个发明家启蒙的种子。

一个学生的故事

◇ 张义生

他是老师眼中一个很有特点的学生：

初中时获得过全国物理竞赛二等奖；高二时参加高三年级的物理竞赛，名列第一；高三时获得全国物理竞赛天津赛区二等奖，数学竞赛三等奖。

他善良、随和，科任老师说他是最好的科代表。

他平时考试成绩一直中等，即使优势学科也没进前十名，外语始终在及格线徘徊，其他学科时起时落，年级名次到过五十，与第一名相差近百分。

他仍是老师们的关注，因为大家有个共识——这个"偏才"有特点，培养好了，将来会有些成就。

作为班主任，我和他说的最多的就是"你脑子好使，将来适合做个研究性工作，必须进个好大学，千万别耽误了自己。"每次他都不好意思地笑一笑，不说话。他知道我的潜台词——得有个好分数，可你目前的分数不行。

我了解他的几个不足：

（1）课上不太听讲，有时走神儿，但每次被老师点名回答问题，都能过关。

（2）课下作业不足数，每次考试基础题得分率明显偏低。

（3）爱鼓捣电脑，周六、日耗费时间较长。

（4）每次考试后都表示要"痛改前非"，但最多十天，外甥打灯笼——照旧。

高三了，我和他的家长只好对他实行全程"监控"。没过多久，他的电脑被"封杀"了两个月——他不但仍然偷着玩，还用在显示器上放凉奶快速降温等方式来应付父母的检查。

最后一个学期开始了。一次长谈后，他表示要做最后的努力。我再次加

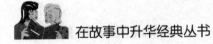

大监督力度。

几次考试下来，他成绩回升，可也只在中游。

高考成绩公布了，高出重点线 10 分。我既高兴又意外，后来我们之间的一次谈话才让我明白了些。

问：你是不是沾了这回考试题偏难的光？

答：不是，大家都一样，我只是比以往认真了，准备也充分了不少。比如最后几个月下工夫吃透教材上的例题，注意它和高考题的联系；做题适度，及时进行检测和巩固。

我的心态比较好，第一天数学考完了，我也觉得不好，但想自己不行，别人也不会好到哪去。所以转天的考试发挥很正常。还有就是觉得对得起自己的努力了，淡化结果对我的发挥反倒有了帮助。

问：你有遗憾吗？

答：有！就是英语。平时功夫不够，最后也没补上多少。一个学科，一个特点，光凭脑子好使不行。偏科是很可怕的事，平时一定要跟上。再说，我脑子也不好使，只不过比别人爱琢磨。

问：入高中那年你如果去了市重点中学，成绩会比今年好吗？

答：肯定不会。我的生活自理能力不强，已经习惯了这里的生活，除了学习，其他的心都让父母操了。还有老师和父母沟通特别好，很及时，给我帮助很大。我比较懒，就得让别人多管着。我很感谢父母和老师，也希望自己以后有个好的发展。

老师因你们而骄傲

◇ **董肇平**

学生因学校的培养而成才，学校和老师因学生的成才而骄傲。

每次下厂参观实习，我都很兴奋，因为各厂都有我熟悉的大、中专学生。让我记忆深刻的一次是，我作为公司"职工代表团"的成员去炼铁、炼钢厂参观考察，那火热繁忙的生产现场立刻展现在眼前。所到的高炉车间、转炉车间、连铸机生产线、主控室等，"董老师，您好"，各处都有我的学生们热情地与我握手、交流。他们当中，有的已是厂长助理、车间主任、炉长、技术员、生产调度长、技术标兵、公司和天津市劳动模范等。此刻，我心中荡漾起一种幸福和自豪感，随行的公司和厂领导及同行感叹道："董老师，这都是你的学生吗？"我荣幸地答道："是的，他们都是中专85级和88级冶炼班的学生"，大家羡慕地称赞道："你的学生们真优秀啊，个个出色，太棒了！你真是桃李满铁厂啊。"此时，我作为他们的班主任——职业学校的老师，感到十分的欣慰和光荣。

职业学校的培养目标是直接为企业输送生产组织、操作与技术管理的合格人才，我从事职业教育二十多年，为突出职业教育特点，我作为班主任，在班级管理、学生教育方面，注重围绕"学生成长、成人、成才"的主题而拓展工作，进行了有意的尝试和探索，实践证明非常具有实效性，其主要做法是：

（1）注重正确的导向作用，即：意识→行为→行动模式。学生入校后，首先要培养他们"热爱专业、热爱学校、热爱铁厂"的意识，激发学生立志服务于铁厂的热情和学好专业知识的动力。

（2）注重培养团队精神，提高班级的整体素质，以形成良好的班风和整体凝聚力。团结向上、友爱、互帮互学，给学生营造良好的学习、成长的氛围，为日后走上工作岗位奠定基础。

（3）注重学生个性发展。我遵循"因材施教"的原则，承认、了解学生的个性、特长、兴趣爱好等特点，因势利导，挖掘、发挥每个学生的潜能，使每一个学生都能成为不同类型的人才，以适应现场的生产管理、组织及操作的工作需求。

（4）加强学生的"四自"教育和责任意识。通过日常班级管理及有针对性的集体活动，培养学生的自强、自信、自立和自律性，以适应天铁生产现场的不同工作要求。

（5）身教胜于言教，注重教师的表率作用。以班主任为人师表，爱岗敬业的工作作风去潜移默化地影响学生，这是很重要的，切实使学生明白"只有敬业，才能成就事业"的道理。

我所带的班级在学校期间，多次荣获"优秀班集体""优秀团支部"等荣誉称号，并培养了三名学生党员，我也多次获"优秀班主任"、"优秀教师"等诸多荣誉称号。

中专88级冶炼班的学生毕业时，正值天铁集团上"炼钢项目"，急需专业人才，由于专业对口，班级整体素质高，全班同学毕业实习时，分别被派往天钢、济钢和莱钢实习，他们统一分配到了炼钢厂。而中专85级冶炼班的学生们主要分配到了炼铁厂，目前他们都已是各厂的生产组织、操作和技术管理及技术革新的骨干力量，有25%的学生已获得大专文凭，他们在各自的生产岗位上大显身手，敬业奉献，成为今天我们天铁集团兴旺发达和二次创业的栋梁之材。

"同学们，老师因你们而骄傲"。

2005年2月，成人本科、专科班开学了，我的学生们带着求知的目光，又重新走进课堂，师生再次重逢，面对那来自生产一线既熟悉而又成熟的面孔，我无比激动和感慨，他们利用业余时间继续学习和提高，进行知识"充电"。对我们教师而言，正是鞭策和压力同在，作为职业学校教师，我们只有更加努力学习，拓展提高知识层面，继续为铁厂的二次创业输送新型的合格人才，这是我们的职责，更是一种光荣。

教室里的小鸟

◇ 田玉玲

今天是 2004 冶炼班的语文课，我踏着轻快的步伐走进教室。今天要讲的是《跨越百年的美丽》，我要把居里夫人的美丽展现在同学们面前，让同学们通过我的讲课，向居里夫人学习。我精神饱满地走向讲台，"上课！""老师好！""同学们……"我的话还没说完，一阵唧唧喳喳的小鸟的叫声打断了我的话，下面一阵哄堂大笑，一股怒气升上心头，我环视一下全班同学，并没有发现小鸟的持有者，一个个都若无其事的样子，好像都很无辜，又有点幸灾乐祸，像是在等待着点什么。我镇静下来，根据多年的经验，我知道此时生气是没有用的，于是也表现的若无其事，做出继续讲课的样子，"请坐！我们今天讲《跨越百年的美丽》"，我的话音还没落，小鸟的叫声再次响起，课堂上再次哄堂大笑，等大家安静下来，我说"小鸟的叫声给我们的课堂带来了生机，是谁这么有创意？"没人理我，只有小鸟的叫声在和我呼应，我说："你们听，小鸟的叫声，是那样的凄婉，仿佛在向我们求救呢！"此时我发现同学们的脸上不再是幸灾乐祸，目光集中在一个人身上，我知道他一定是小鸟的主人了，我没有直接让他拿出小鸟，而是接着说："你们把小鸟逮来，一定是因为喜欢小鸟，小鸟会给你带来快乐，但是在你快乐的时候，你想过小鸟的快乐吗？"小鸟的叫声再次响起，依然是那样凄婉、悲凉，拿着小鸟的同学再也坐不住了，站起来说"老师，小鸟在我这里。"此时，我才松了一口气，看了他一眼说："你能拿出来给大家看看吗？"他不好意思地从书厢里拿出小鸟，只见小鸟的脚上被绑着绳子，翅膀无助地扑了几下，大家在下面嘘声不止，一个女生说"小鸟太可怜了！"我对拿着小鸟的同学说："你打算怎么办呢？"他说："老师，我想放了它，让它找到自己的快乐！"听了他的话，我高兴极了，带头给他鼓掌，教室里一片掌声。同学们有的帮他解绳子，有的早已打开窗子，好不容易解开绳子，那个同学双手捧着小鸟，说："朋友，飞吧！祝你快乐！"鸟儿仿佛听懂了他的话，唧唧叫着，冲出了教室，飞向远方。我说："小鸟会感谢你的，你今天的行动是一种美丽，一种超越自己的美丽！"教室里再次响起热烈的掌声。在掌声中，我很自然地引入新课："刚才我们一起放飞了小鸟，为我们的世界增添了一份美丽，同时也是一种超越自己的美丽，那么怎样的美丽可以超越百年呢？让我们一起走进居里夫人的美丽世界！"很自然地进入了教学，同学们感受着居里夫人的美丽，我也讲的很有激情，师生都完全进入了角色，这节课取得了很好的教学效果。

我们在上课时，都会遇到一些突发事件，此时我们一定要冷静，对学生要"循循然而善诱之"，善于发现他们的积极因素，因势利导，启发他们心灵深处的"真善美"。

座位风波

◇ 申海六

　　记得我担任七年三班班主任时，班里曾有一位聪明、漂亮的学生叫王芳。父亲是一位正处级领导，她是学校有名的"尖子"。然而家庭、天赋和荣誉使她越来越自命不凡，非常高傲。同学们对她议论纷纷，她在日记中写到："走自己的路，让他们去说吧！"语文课，老师让同学互相批改作文，她在一名"体育王子"空洞作文后面，只写了一句话"头脑简单的人是多么幸福啊！"因此引起了一场不大不小的风波。

　　王芳所以如此，与原班主任有关。原来的班主任"因头脑不简单"，为了替自己办一件大事，通过王芳打通了"处长"，最后终于如愿以偿。学生说，"班主任老师太偏心"。我接班的第一天班会，决定重新排位。王芳正好和一位新来的农村"黑姑娘"排在一块。她很恼火，背向同位，嘴巴噘得老高。同学们那厌恶的目光，在她的身上、脸上扫来扫去。我不想第一天就与学生发生"碰撞"。我想：只要王芳提出要求，我就可以进行调整。可我问了几次，她不但不理茬，反而故意摔书包。我尽力克制着，但王芳步步紧逼，又一次把文具盒摔得乒乓响，我动怒了，我让王芳起来。"那好，既然你没有意见，座位就这样安排了。你想过没有，你今天的这种行为本身就是对同学的侮辱，在这个班里，谁想占据一个特殊的位置，办不到！"教室里静极了。我的动怒使全班同学都感到震惊，特别是王芳，但是一向被"宠爱"的"明星"是不会轻易在同学面前倒下的，她想顶撞，想发泄，想发挥自己能言善辩的本事，然而她终于没有开口，她感到我身上有一股不可抗拒的凛然正气。她气恼，然而更主要的是难堪，她流泪了。这时候，我及时把握分寸，宣布上自习课。放学后，我估计王芳已经哭得差不多了，坐在王芳前面沉默良久。诚恳地说："我今天太冲动了，有的话可能失去分寸，伤害了你的自尊心，你可以提出批评。"平等式的谈话，像一股暖流从王芳的心头滚过，她的眼泪又一次涌流出来。"老师，你该批评，希望你以后多帮助。"我又严峻起来，"帮助是我的责任，可我也需要你的帮助呵！你知道我肩上的压力有多重吗？我多么希望得到你和全班同学的帮助呵！可是我接班的第一天你就在全班面前向我示威，逼得我毫无办法，只好在同学们面前公开地斥责你，作为老师，看到优秀学生受到这样的斥责时，心里很不好过。张兰我早就认识，她住在黄花脑山上简易平房，母亲经常有病，家里很穷，她经常捡破烂……"一直谈到王芳恢复了一个少女应有的自尊，文静和温柔。

我认为，对待优秀生响鼓也用重锤敲，才能体现出师爱的深远意义。

走进学生心田

◇ 张军民

有一次，我批改作业时，一张纸条映入了我的眼帘："张老师，我把您当成我的知心朋友。希望您能帮助我。我觉得我们班的同学都在孤立我，敌视我。虽然我是我们班的班干部，但我觉得自己没有起到表率作用。在学习上，我不如某某学习好；在长相上，我不如某某漂亮；在班级管理上，我不如某某有能力，我不知道在您眼里我是否是个好学生。我觉得自己很孤独，好像同学们都在仇视我。这件事我不敢向朋友说，生怕他们笑话；也不敢向父母启齿，恐怕他们训我，为我担心；所以我只好向您伸出求助之手，希望您不要嫌弃我！"我一看，不由心中一沉，觉得这件事非同小可。如果处理不好，很可能会扼杀一个天才，但如果处理得当，很可能会造就一个天才。从字里行间，我发现这个学生有很强的自尊心，同时又很自卑。此时，她最需要的是老师的理解、支持和帮助。她既然敢于给我写信，这充分说明她信任我，也说明她有想成为一个优秀学生的打算。于是我拿起了手中的笔："某某同学，首先感谢你能相信我，把我当作你的知心朋友。既然我们是朋友，我们彼此还有什么话不能说呢？在我心目中，你是一个很优秀、很懂事的孩子。你说你在许多方面不如周围的同学，那是你在贬低自己，抬高别人。没有看到自己的长处。其实，你是有许多优点的，比如，你对人有礼貌，通情达理而且乐于助人，只是你没有发现罢了。你说你不如某某漂亮，也没有某某学习好，这只是你偏激的看法。有人曾说过，一个人最可怕的敌人，不是别人，而是自己。希望你千万不要被自己打倒。我们的长相都是天生的，是父母赋予我们的。这是我们苛求不得的。判断一个人的好坏，不能只看外表，重要的是要看他的心灵。一颗美好的心灵要比一副漂亮身段更重要。至于说学习，关键在于个人后天的努力和奋斗。某某学习好，并非是她生下来就学习好，

31

而是她刻苦学习的结果。只要你自己努力学习，你也能赶上来并超过他/她。我相信你有这个能力。你说好多同学都在仇视你，那是因为你把自己搞的太封闭了。我建议你多与周围的同学交往、谈心。另外，注意处理班里事情的方法和技巧。我相信你一定能处理好这些事的。我真心地希望你心中的愁云早日散去。同时我也期待着早日见到你灿烂的笑容！"果不其然，不久，我收到了她的回音："张老师，谢谢您的开导，使我茅塞顿开。如果不是您这一番话，我可能会到另一个世界里去了。我一定会好好学习的，请相信我！"真如她所言，她果然战胜了自我，重新找回了自己的人生坐标。她脸上又恢复了昨日灿烂的笑容，而且她的学习成绩也有了显著提高。

我很庆幸自己挽救了一个生命，我也体味到了作为人师的分量——既要教好书，又要育好人。让我们走进学生心田，做他们的知心朋友。

如何培养良好的竞争意识

◇ 刘悦秋

竞争在我们的社会中无处不在，面对这种持续的压力，有的人开心地面对而成功；有的人痛苦地面对而迷失。如何保持一个良好的竞争意识和心态，是我们教育工作者必须面对的问题。

每次考完试，学生总会来检查自己的试卷并和别人对比成绩的高低。这可能是好事，可这样的心态如果得不到正确的引导，就会对孩子的发展有很大的阻碍。

"老师，为什么我总是比不过某某。"这样的问题几乎每个老师都会碰到，我们该怎么回答呢？

"你的努力不够，请继续努力！"这样的回答可以占50%，其实，这个最传统的回答会严重地影响孩子的自信心。他会想：我已经很努力了，可还比不过别人，我是不是没有天分？如果这样的情绪太严重就会产生强烈的自卑心理。

"人和人是不能比的，你自己学好就可以了。"这样的回答也许不是太多，但是这个答案却会严重的毁灭了学生的竞争意识，他会认命，认为人真的不能和人比，自己的起点就不好。

"继续努力，你会超过他的。"这种激进的鼓励方式也会占有很大的比例，可这样的激进鼓励，会使孩子有很大的心理负担，把竞争的目标单一化，有点不达目的誓不罢休的无奈。

"你可以换个对比对象，你可以逐步地超越。"大概这是最中庸的方法，可我却认为是最恰当的方式，竞争目标的转化，会让学生有一种"柳暗花明"的感觉，有了自信，可以向更大的竞争目标出发。

另外，学习成绩相对接近的同学应安排在一起，在小学阶段这个差距最

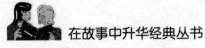

好定在 5 分以内，让学生们在相对固定的群体内去竞争，这种平等的竞争环境不会打消学生的自信心，同时相对接近的成绩还会让学生有更大的竞争激情。当这种竞争产生积极的成效时，我们可以把已经进步的同学放在更高一级的竞争中，这种竞争的模式类似于职业联赛，是一种很职业的竞争。

竞争是适应社会的工具和生存的资本，我们应该从小就培养他们的这种竞争意识，这种能力的培养，比让他们死记硬背一千个单词，一万个汉字有更大的积极意义。

感　谢

◇ 陈银学

　　"陈老师，今天我想真诚地对您说声'感谢'，这两个字在我心中憋了九年，我一直想对您说。您还记得吗？九年前，在我生病时，您骑着自行车风尘仆仆地那么远去我家看我，至今我历历在目，陈老师，我说的'感谢'是发自肺腑的。在中专我是您的学生，到电大我又是您的学生，今年毕业后，我要考专升本，我真心希望再次能成为您的学生，我为成为您的学生感到自豪。"

　　这得从九年前的初秋说起，那时我担任中专九六机械班班主任，刘平病了，两天没来学校上课了，"什么病？这么长时间还不能上课，我得去家里看看。"心里想，一上完下午两节课，我就骑上自行车上了去寨坡山的路，刘平家住寨坡山，可我从来没去过寨坡山那边，不知怎么个走法，只知道大约在井店方向，天气闷热，路上荡着过车激起的尘土，下了一个坡又上一个坡，坡太陡了骑不上就下车推着走，"师傅，到寨坡山怎么走？还有多远？"在去往的路上边走边问，怎么寨坡山如此远？心里想。推着车终于找到刘平的家。到家后，详细询问了刘平的病况，并对她讲了落下的课。转眼天要黑了，路又不好走，匆匆骑车赶回。

　　九年过去了，我对这件事也淡忘了，然而，学生却记忆犹新。今天我打开《社会与法》频道，看着《道德与法》节目，讲的是两个白血病人相互关爱，使其中一位失去活下去信心的白血病人树立了活下去的自信和决心，并通过手术成功地活了下来。看过之后我深有感触，思绪万千，心中久久不能平静：爱能使人成为真心朋友，能使人产生自信、决心、勇气、力量，甚至能挽救人的生命。这使我自然想起了刘平同学昨天对我真诚的"感谢"之词，我深深地感受到"爱"的力量的伟大，深深地体会到教师对学生关心、爱护，用真诚的爱去滋润他们的心灵，其意义、影响将是多么重大、深远。"爱"可使学生对老师产生尊敬、感激，并进一步转化成激发学生学习的激情，从而努力学习。如果老师只是对学生训斥、批评、甚至体罚，缺乏对学生的爱，就会使学生产生一种逆反的心理、抵触的情绪，进而厌恶学习。这使我感到对学生的爱，不仅仅是教师的职业道德，还是教师感染、教育学生的有效方法，这种爱可能会改变一个学生的命运，影响到一个学生的一生。

在党中央提出了构建和谐社会目标的今天，作为教育工作者，如果我们能够把更多的爱施与我们的学生，在他们融入社会的大家庭后，就会去关爱更多的人，那么我们的教育事业，不仅能为社会主义建设培养出更多的优秀人才，也必将为构建和谐社会做出不可估量的贡献。老师们，用真诚行动去关爱每一位学生吧！

倾心铸就成材路

◇ 贾建军

毕业证、三、四级工证、大学录取通知书……

欢歌、笑语、掌声……

"同学们，我们89汽修班在各位老师的悉心培养下，41名学生全部考核合格毕业，其中有工4名取得四级工证书，2名考取了天津技术师范学院。我们班创了91届毕业班级的最好成绩，现在让我们把最美好的笑脸留给母校，留给我们的班主任老师——"随着照相机"咔擦"一声，41张热情洋溢的笑脸定格在毕业照上。顿时成功的喜悦涌上我的心头……

89年暑假后，刚调入铁厂技校十余天的我被校长叫到办公室，学校安排我担任89级新生男生最多的89汽修班班主任。汽修专业是技校第一次开办的专业——专业教学刚处于探索阶段；男生多——意味着管理难度大，费力难以出成绩。推，我有充足的理由，我仅报到十余天，对学校各方面情况一点也不熟悉，自己的家庭生活都还未安排好；何况，当时那个年代担任班主任没有任何报酬，完全是教师尽义务。可望着校长信任的目光，我还是接下了这副重担。

接下41名学生，就必须为他们的前途负责，为他们铺就一条成材路。当时，职业教育处于发展初期，"双证制"刚刚启动，高等职业教育只有几个职业技术师范招生。在全民把目光投向升高中、上大学的成材路时，上技校的学生、家长基本上对技校生不抱什么希望，上技校毕业当个工人混一生是当时大多数家长和技校生的普遍心态。

首次到班，我要首先在思想上扭转学生认识，用我在企业技术岗位干了8年的亲身体会分析了从大学（中专）毕业—技术员—助理工程师—工程师——高级工程师和技校毕业—技术工—高级技王两条不同成材路。特别向学生声明：目前拖我国技术后腿的并不是设计问题，其主要是工艺制造问题，我国目前并不缺技术干部，缺少的恰恰是技术工人，特别是高级技术工人。最后为他们分析了班级优势：我们班大多数男同学，在初中时正值贪玩阶段，没考上高中并不代表你们素质差，动手能力正好是你们的优势，从现在起，大家要转变成材观念，走进一条发挥自我特长的成材道路。我的这一观念（在89年是比较超时的）像一把钥匙打开了学生的心灵。课下不仅学生纷纷与我探讨这个问题，就是家长也纷纷来学校询问。

接下来的两年基础课，我按照每个学生的特点为他们设计学习方式：理论基础好的，鼓励他们向深处发展；动手能力强的，鼓励他们进一步加强理论学习，争取全面发展；对理论基础差或动手能力有缺陷的同学，与任课教师和实习教师联系进行针对性的辅导。使全班同学都按照自己的特点取长补短，全面发展。

关键的第三年来到了，在优化全班整体素质的前提下，我对班中几位理论基础好的学生进行了参加高职考试冲刺的动员。可这时又产生了新问题，一是恰恰那年与汽修相近的专业都不招生，我班学生只能跨专业报考，这使得学生继续求学积极性大挫；二是两位学习尖子，一位为独生子，当年家长选择技校就是为不让孩子离得太远，对孩子外出求学不支持。另一位是继母，学生恐怕上学家里不承担费用。为此我又反复家访，从国家需要、个人前途多方面进行开导学生与家长，最后终于做通了他们工作。

为家长许下了承诺，意味着教师又多了一份额外责任。之后，由于没有先例，我亲自为他们查考试科目、列参考书籍、托人从天津复印资料，伴随着他们走过了一年强化学习过程。

1991年夏天，收获季节终于来到了：毕业考试——全部合格；三级工考试——全部过关；四级工考试——14名晋级；高职考试——录取2名（当年我校考取3名，另一名出自我校入学基础成绩最好的电工班，而且是考的本专业）。89汽修班终于创造了技校成材生的佳绩，同时我的培养管理学生方法、教学方法也得到学校全面肯定。

每个学生都是可塑之材

◇ **杨祝英**

家长会后，其他家长都陆续地离开了教室，只有一位家长很迟疑，欲言又止的样子。在我鼓励的目光下，这位家长终于开了口："老师，我想与您谈一谈赵男（化名）的一些情况。男男在家里跟我像仇人似的，自己的东西不收拾，衣服不洗，还经常找茬与我们吵架、怄气，家里被他搞得整天鸡犬不宁……我真不知道该怎么办。"说着，泪水直在眼里打转。劝慰这位母亲后，我决定与赵男同学深谈一次。

赵男同学在初中时学习还可以，进入中专后，现实与理想的差距使他非常失望，从此一蹶不振。经常与同学发生口角，与任课老师顶撞，对班集体活动漠不关心，学习也是一塌糊涂。一副破罐子破摔，玩世不恭的态度。

从谈话中了解到：他姐姐考上了大学并在读研究生；他哥哥在工作上干得也相当出色。比较之下，他自感前途渺茫，但心有不甘，可又不知路在何方，所以心情非常苦闷，看什么事情都不顺眼，对周围的一切产生很深的敌意。

既然是这样，要转变其思想就要对症下药。

首先，使赵男同学端正自己的思想状况，扭转现在的不正常心态。尤其他对家人、老师和同学的态度，应有一颗平常心，且要逐步做到生活自理。

其次，帮助赵男同学分析现在的情况，让他知道他并不是前途无望。如果要想获得更高层次的学历教育，当时有三条出路：①报考新高职。②报考电大。③参加高等自学考试。根据自己的实际情况，确定一条适合自己要走的路并坚持走下去，前途还是很光明的。

再次，让赵男同学明白：一旦立志，就要持之以恒，努力学习。不能三天打鱼，两天晒网。更不能像现在这样懒懒散散，对什么都不在乎。否则将一事无成。

最后，我们共同就他的情况做了实际分析，他决定报考新高职。

推心置腹的谈心使他很感动，他动情地说："如果我妈有你三分之一的思想，我也就满足了。"虽然是对我的夸奖，但我还是说："在孩子身上，父母是给予最多的，也是任何人不可替代的。要想成就一番事业，首先应从孝敬父母做起。"

在以后的日子里，我经常鼓励、督促他，使他坚持不断地把主要精力用在学习上。在备考新高职的日子里，他每晚都坚持学习到凌晨1—2点钟。最终他以优异的成绩考上了自己梦寐以求的专业。再见到我时，赵男同学兴奋地说："在这段时间里，虽然我的视力和体重又下降了许多，但我觉得值，我很高兴。同时我也才有勇气再来见您。谢谢您，老师！"当我问起他："要到外地上学了，你有什么感触呢？"他满怀深情地说："父母年事已高，我走后，谁在他们身边照顾他们呢？这是我最担心的。"

当我再见到他的母亲时，他母亲乐得合不拢嘴、赞不绝口："男男现在可懂事了，也非常孝顺，他不再惹我们生气了。这都是老师您的功劳啊！"我笑着说："还是孩子好。"

这一事例说明：只要我们用心，每个学生都是可塑之材。

画　像

◇ 孙　欣

　　一篇字字珠玑的文章，一番精心的准备，我投入地读着：那里的天比别处的更可爱，空气是那么清鲜，天空是那么明朗，使我总想高歌一曲……我边读边用余光扫视着教室，只见学生都神情专注地凝视着课本，好像被我激情的朗读声带入了那一碧千里的大草原，自豪之感油然而生。忽然，我发现后排的一个男生把书立在桌子上，头却低着，双手在桌子下面鼓捣着什么，再仔细一看，原来是我们班的语文科代表。看到这里，我气就不打一处来：作为语文科代表，在语文课上却带头搞小动作，这还能起带头作用？想到这，我不由要发威，可又转念一想：毕竟他是班干部，怎么也要保持他的"威望"呀！这样，我边读边走向他，希望他能自己有所警醒，可聚精会神的他竟然没有意识到我的迫近。

　　强忍怒火，我坚持读完了，生气地站在他身旁，一言不发地看着他。教室中突然的寂静，一下子惊动了他。他猛地抬头，却看到了满面怒容的我，慌忙把手中的东西塞进了书桌里。受到惊吓的他脸色通红，神情慌乱地注视着我。

　　"拿出来！"我以不容违抗的口吻命令道。

　　他有些不知所措，可还是拿出了塞进书桌的东西，胆战心惊地递给我。

　　啊？我立刻被眼前的画面惊呆了：这是一幅人物素描——明净的窗前，一位长发齐肩的女教师手举书本，认真地读着什么——这不就是我吗？

　　"怎么了？""×××没听讲，被老师发现了。""他干什么呢？""画画呢。""还科代表呢！老师肯定给他没收了。"……在嘈杂声中，我看了看恐惧中眼泪快溢出眼眶的他，再一次审视着手中的这幅画：虽然笔调是稚嫩的，但人物专注的眼神、投入的表情，还是被他刻画得栩栩如生。该怎么办？没收这幅画，保持自己一贯公正的作风？可这却是他的那用心之作呀！当什么也没有发生，继续讲课？可同学们都在眼巴巴地等着我的决断……有了，"同学们！请看一下这幅画，画的是谁？"被我一问，教室中的小脑袋立刻攒动起来："是孙老师！""你从哪看出来的？""眼睛！""衣服！""这就是咱们教室！"时机正好："同学们！本来我想把这幅画没收了，可这么精美的作品，我还真舍不得。大家看这么办好不好？首先，我以大家的名义真诚地告诉×××同学，他现在需要认真听讲，只有加深自己的文化修养，才能创作出更优秀的作品。当然，作为语文科代表却违反课堂纪律，更应该接受惩罚，老师就罚他，让他利用课余时间，为老师再画一幅更完美的画像，同学们！好不好？"

"好！"

就这样，我保留了那幅画像，也保留了他对艺术真挚的追求。也许，保留下来的东西还有很多很多。

教师，不要做两面派！

◇ 刘国营

　　一个学校组织教师进行演讲比赛，主题是如何关爱学生。但是实际进行的时候，却是先演讲比赛再开会！组织者看来也是很明白老师心理的：如果先开会，再演讲，估计只剩下选手和评委了！难道是老师演讲得不精彩吗？还是整体水平太差？都不是。演讲的时候，当某个老师上去声情并茂地讲述自己是如何关心学生的时候，下面是嘘声一片。原因很简单，在实际的工作和生活中，他完全是另外一种形象！

　　这是台上，台下呢？老师各人顾各人的事，除了评委，没有几个人认真听演讲。嘈杂声一片，手机声此起彼伏，出出进进，哪里像是演讲比赛，比赶集还热闹！有的老师的听觉还特别"灵敏"，人家在台上讲到"外语"，他在下面讲"外遇"，引来笑声一片，自鸣得意了半天！看看，和我们老师整天抱怨的"差生"有何区别？

　　别的不讲，老师们的两面派作风体现得淋漓尽致！

　　自己说的和做的很少一致！这样的人做老师如何去引领我们的孩子！凭良心回答，假如你有孩子，送到他们的手里，你放心吗？

　　自己做班主任，在班里讲要节约，要爱护公物，但经常是自己办公室的灯都亮着，里面却空无一人。人走灯不熄，何来节约精神！给学生讲要注重卫生，殊不知自己是最不懂卫生的人，把会议室搞得跟大烟馆一样！

　　还是劝各位，是君子，千万别谦虚，别在前面加个"伪"字；是小人，就率真一些地承认吧，你想掩饰是掩饰不住的。欲盖弥彰，捉襟见肘，徒增笑料，不如就把自己好的一面"直率"地表白出来吧！两副面孔，自己受累，学生、同事不忍心拆穿你，也受累，于人于己无益，何苦来哉？

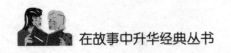

谁让我们的孩子变得如此"深沉"

◇ 郭宇宽

中国人往往从小就会玩深沉，《千字文》里说，有教养的好孩子要"容止若思"，也就是说无论遇见什么事，哪怕心里想欢呼，脸上也要做出冷静从容的表情。尤其在外人面前，想说的话一定不能直接说出来，遇上想要的东西要表现得好像不想要。小时候我不知道为什么，只是觉得这样很酷，而且显得成熟懂事，我们培养出来的优秀少先队员也都是像保密局干部一样，举手投足都是矜持的气质，这是我们德育工作结出的"硕果"。

现在我在中央台主持一个家庭教育节目，每期节目都会邀请一些现场观众，我发现一个规律，在现场越是年龄小的孩子越爱踊跃提问发言，稍微大一点的孩子就倾向于作出深不可测的矜持状，就这样有时候带队老师还会提醒："大家说话要注意，要代表学校形象！"

前一段时间我遇到一个香港挺著名的电影导演，饭桌上聊天时同桌一个在大陆上过山、下过乡的电影同行说话很直率："我总觉得你们香港电影普遍比较浅薄，缺乏一种深沉的东西。"他想了想，回答也很直率："也许因为我们没有受过什么苦。"

这句话给我震动很大，其实一个人无论天生的性格多么开朗、洒脱，如果他亲身经历或者目睹身边的人因为表达自我而遭受打击，出于生存和保护自己的天性，他就会为了适应环境用一层壳把自己包裹起来，掩饰自己的态度，尽可能不让别人窥伺自己的心理活动，于是就喜怒不形于色地深沉起来。而深沉也就成为了一门生存技能，它伴随着隐忍克制、韬光养晦、藏锋守拙的东方哲学，要求人把"猝然临之而不惊，无故加之而不怒"作为习惯，以免过早暴露自己的态度和实力。

当你想得到一样东西，一定要表现得好像并不在乎，在这样的掩护之下，你的手段才能更好地发挥作用。展露喜怒哀乐会在敌人面前暴露你的弱点和把柄；而把自己掩饰得像一个木头人，会使你的敌人以为你胸有成竹，不敢轻易下手。

如同达尔文的理论，在我国历史上几千年封建专制的环境下，深沉的人如同尺蠖、变色龙和枯叶蝶一样，善于掩护自己，和周围环境融为一体，于是经历历朝历代无数大风大浪、严酷的斗争而生存下来，并出于关爱把这种生存技巧传授给下一代，就这样，深沉成为一种文化基因，在中国人的血液里一代代被积累。这些深沉的孩子长大以后大多数不是变成唯唯诺诺的人，就是成为玩弄权术和办公室政治的好手。

更可悲的是，在我们精致的文化氛围中，这种生存技巧甚至成为了一项艺术，被赋予了人格审美的含义，就连孩子都被这种文化熏陶，而不自觉地模仿。《世说新语》里就有大量的词语赞美刚毅木讷的深沉之士，什么"意色自若"、"穆然清恬"、"处惊不变"、"神态闲畅"、"喜愠不形于色"；而识才者则会赞道："观其清貌，必自不凡。"总之深沉不吃亏，反之，有的名士就是因为不够深沉，倒了大霉。

而西方人，特别是欧美的同志们，普遍没我们深沉，他们直率、坦荡、"浅薄"，甚至肆无忌惮。这也不奇怪，近代史中，他们的先辈很少有什么人因为说话不小心或者表错态、站错队被"引蛇出洞"而犯错误。

每一个人的性格养成其实都和一段成长经历有关，而一代人或者一个民族普遍的心理阴影则和这一代人或者这个民族的心灵历程有关。今天，每当读到我国的"伤痕文学"和俄罗斯诗人们的苦吟，我仍然忍不住会为那种深沉忧郁的气质所打动。但我宁愿今天的社会和比我们更年轻的孩子们身上，能再少一点深沉。如果鲁迅活到今天还要大声疾呼"救救孩子"的话，那是因为我们的孩子童心实在失去得太早。在一个逐渐走向宽容和开放的社会中，今天的孩子其实用不着像刺猬一样缩成一团来保护自己或者换取社会的认可，以他们深沉的前辈作为榜样实在没有必要。

今天那些深沉的人如果不是可怜的就是可悲的，不要羡慕他们，他们也不会以此为骄傲，他们是因为曾经没有选择，成为习惯后又无法改变。

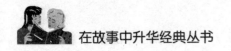

关注后排现象

◇ 赵宪宇

有一次，一位同事和我开玩笑，有四类平行级别的领导在主席台上就座，怎样排座位才是合适的。我被问懵了，但还是蒙对了。我说看开什么会了，如果是人大会，肯定是人大的人坐在最前排了，其他的领导比如党委的政协的等只好后面就座。中国人很讲究座次，但我在这方面确实有些糊涂，总不知道主席台的单双数怎么个排位，问过这方面有经验的人士，问一次又忘记一次。但大家都是很重视的，这个情形在我们的教室里也是很强烈地存在着。

但有一种现象我们却是很清楚的，坐在前面开会的人总是很关注会议，并且认真地做好笔记。而坐在后面的与会者，往往可能疏于记笔记，而神情也往往不是很专注，我们的教室里也有这种现象。

教室里究竟什么位置最好，可能学生会有自己的看法，但一般都会认为后边总不是很好的选择。坐在后边的学生感觉是什么样的，他们的心态是什么样的，我们可能很少进行研究。我多次到班级里去听课，我感到坐在后边的学生总是没有得到必要的关注。他们一般在课堂上发言的机会很少，坐在那个地方，也总是弓着腰。他们中的许多学生，往往是坐如弓，起来回答问题还是站如弓。我不知道下课了他们是否行也如弓，但许多人即使下课生龙活虎，但一提到学习的事情，也可能马上呈弓形状了。教室总有后排，后排总有学生去坐，如果我们不是以学习成绩为标准，或者经常有所调换，或者像有的老师安排马蹄形的格局等，后排的负面意识和效应就可能减少和化解了。教师排座位当然有各种标准，但一般是以个头为标准的，可不少的老师即使是同一个标准，如果是遇到成绩好的学生，也往往是想着法子把这样的学生调到好的座位上去。教室里好的位置，一般是靠前或居中。有的家长要求要坐在这种位置，也有的学生通过自己的努力或确实有客观原因要求坐在这样的位置。但不管什么情况坐在前面的好位置的学生，总是有一种满足和自豪感。

教室里的座位是大有学问的，也往往让老师排位置的时候感到头痛。社会上的一些不良现象总会影响到学生中去，有的家长通过各种途径要求把自己的孩子排在理想的位置。按照家长、学校、老师等各方面的意愿排好的位置，基本上是没有给成绩一般的学生什么机会了。

作为一个学习集体，班级的座位总是有正有偏，教师要有公心，要关注每一个学生，要不断轮流交换座次。在班级里，每一个学生都是我们的教育和服务对象。教师要记住，学生往往对座位是在意的，老师处理不好不仅影响学生的学习，还影响自己的威信。即使被排在后面的学生，教师也要给予应有的关注，通过自己的努力弥补客观条件的不足。我也曾经要求教师注意后边学生的座位，他们桌子里面的东西总是比前面同学的东西要丰富，而桌子上的书总比前面同学的少。后排的学生往往上课很安静，上课入睡率较高，而下课却如释重负、如猛虎下山。

三流的歌手还知道问后边的朋友，你们好吗，我们的老师却没有关注到后边的学生。

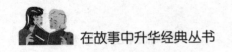

学生的尊严是玻璃

◇ 徐 卫

那件让我刻骨铭心的事发生在一所乡镇中学的大操场上。那年，我12岁，姐姐14岁。

那天傍晚，我吃过晚饭在操场上溜达。操场上满是人，这正是我们每天最惬意的一段时间。

我时而看看篮球队的队员们练球，时而跑上几步，时而手舞足蹈地练习学生拳……正在这时，篮球场上一阵喧哗，我抬头一看，原来一名篮球队员突然失手，篮球飞出场外，向我这个方向快速地滚来……

球场上十几名队员都在向这边望，"喂——快捡回来——"，有人冲着我喊。

来得好！我正练腿功呢！说时迟那时快，就在球近身的一瞬间，我飞起一脚……本想漂亮地露一手，没想到脚稍稍一偏，球向另一个方向飞去，不偏不倚地滚进了操场上惟一一个只有一平方米大小的泥坑中——乡下中学的操场大部分是泥土地，前几天下了雨，现在干得只剩下这小块尚未"收复"的土地。

"真倒霉！"我赶紧跑过去，伸出十个手指头，把篮球"叉"起来。篮球表面大半地方粘上了黑黑的泥浆，真是惨不忍睹。

"千万别让泥水沾到我的衣服上，这可是我最心爱的一件衣服啊！"我心里寻思。

我换成一只手托着球，把另一只手的两个指头探进口袋，想找张废纸把篮球擦干净。

这时，只听一阵急促的脚步声传来，一个长长的影子笼罩住了蹲在地上的我。我抬起头来，看见了一张因生气而扭曲了的脸，原来是那个姓程的20

多岁的体育教师。他无比愤怒又无比威严地吼着："脱下衣服，把球擦干净！"

"衣服？"我没听懂，不用纸擦，不用水洗，用衣服？住校生一星期回家一次，这件衣服我还得穿到周末呢！

"听到没有？"头皮一紧，原来被他揪住了，他接着又是一推，我跌坐在了地上，刚掏出来的几张皱巴巴的纸飘在了那一小块泥地里，"谁让你乱踢？谁让你乱踢？啊！！！今天你给我擦干净，就用衣服擦……"

在操场上玩耍的同学都围过来了，路过的大人小孩也围过来了，球场上打球的队员们也都围过来了……我抬起惊恐的眼睛，看到那张更加扭曲的脸，他的脸因为我的冒犯显出可怕的神情。我再看看四周，满眼是大家冷漠的表情，有的甚至露出幸灾乐祸的笑容来……

姐姐不知什么时候挤进了包围圈，她蹲下身子，想把我扶起来……

程老师的"金口玉言"岂容违背？他扯了姐姐一把，姐姐一个趔趄，差点摔倒。只听他再一次吼道："干嘛？你不准动，他今天不用衣服擦干净球别想走！快点擦！快点……"

沉默，难堪的沉默，令人窒息的沉默……不知过了多久，我慢慢地脱下那件心爱的上衣——惟——件让我觉得穿在身上神气的上衣。姐姐接过去，用它一下又一下地擦着那只篮球。泪水一滴滴地落下，姐姐的，还有我的……

球终于被擦干净了，程老师用脚熟练地一"勾"，球弹了起来，他用手托住，转动着看了看，一句话也不再说，一边拍打着球，一边向操场走去。

"剧情"不再精彩，围观的人群也散去了。那滩泥水旁边只剩下屈辱的姐弟俩，一个蹲着，一个站着。那件满是泥水的衣服揉成一团，扔在我们脚下，看着我们无声地哭泣……

衣服上的污泥当晚就被姐姐洗净了。半年后，因为我猛长个子，那件衣服永远地走出了我的生活。但是，心里的污泥却永远与我同在，少年的尊严是"玻璃"做成的啊！我知道，当衣服与满是污泥的篮球"接触"的一刹那，我与姐姐的部分尊严便永远地丢失了，丢失了那个绚丽的黄昏，丢失在了那宽阔而又简陋的操场上……在许许多多的围观者面前，砰然坠地，摔成了无数的碎片……

这件事过去好多年了，然而我从来就不曾忘记。它冲淡了母校给我的一切美好记忆，在我心里留下了永远无法愈合的伤口。

现在，我已是拥有十几年教龄的一名颇有"威望"的教师了。在漫长的教学生涯中，我见到过许许多多调皮的学生，也遇到过许许多多让人生气的事——绝大部分远比我当年的那一"踢"严重。每当我雷霆般震怒时，那件事便会立刻浮现在我眼前，那尊严破碎的一声脆响也会同时在我的耳边响起。它屡屡浇灭我心头愤怒的火苗，使宽容与博爱充满心间……

教师的"威严"对应着的是学生的"卑微"！愿天下所有的教师以此为戒，把自己全部的爱付给学生，精心呵护学生的自尊。因为，学生的尊严是玻璃做的，是如此的容易破碎，并且破碎了便永不可修复！

精英学校和普通中学

我们走访了，HORNSBY 女子精英学校、CARLING – FORD 男女混合学校。这里的学校教师90%参加教师工会，每年交纳150澳币，校长也参加教师工会。

两个学校的亚裔学生的成绩都非常好，特别是大陆来的学生。他们的家长对他们有很高的期望值，因而也有很高的要求，这些孩子自身也有很高的自我要求，因此学习特别努力，成绩自然就好。澳洲学生的家庭作业量很少，一般仅要1小时就可完成。

除正常的学费之外，有时一些情况下也要求家长支持学校，但必须征求家长意见，由家长委员会操作，家长自愿交纳一定的费用，每年最多交130澳币，也有许多家长不交，因为他们是纯粹自愿的。有些家长自愿为学校出工，比如做饭或者扫地等等，也有许多家长不出工。亚裔家长出钱、出工的都很少。

两个学校到时上学，到时放学，下午3点15分全校没有一个人，都走光了。放假时间特别多，一年有五个两周以上的长假。不妨看一张一所宗教学校的年历表，我们就知道他们休息多长时间。

两个学校差异较大，女子精英学校学生素质好得多，学风严谨。毕竟一个是重点中学，一个是普通中学。由此也可以看出澳大利亚学校与中国学校之间的差别，从物质条件看，上海重点学校硬件设施远远超过澳洲学校，但上海的学校显得有些铺张，澳洲的学校讲究实用。从教育方法、教育策略、师生关系看，基本上反映了两个国家、两个民族之间的文化差异、传统差异。澳洲教育务实灵活，以学生为主体，学习轻松愉快。中国的教育认真紧张，讲究功利，却做了许多无用功。澳洲教师一个重要观念就是让学生高兴愉快，这是评价教师的一个重要尺度，学生高兴，就不会到校长那里去告你，因此你的课堂里要多讲故事，多逗乐，使学生对你的课产生兴趣，而不至于让学生说：你的课真没劲，于是走出你的课堂。中国的教师一个重要观念就是让学生多得到知识，从而获取高分，于是以讲授练习为主就成为课堂教学的主要方式。

在中国，不管你是作家，是工人，是教师，还是哲学家、政治家，或不论什么人，尽管你的一双慧眼已经洞察到应试教育的种种可恶与可悲，可是只要你有孩子，你就会闭紧眼睛，让孩子的头颅伸进那应试教育的锁链中去。

欧美的教育重视的是未来，我们的教育太看重现在，看重每一个局部的眼前的利益，这大概就是文化的差异。

中国的教育出在哪里？许多人都在思考，得出了许多结论，但是否抓住了问题的核心却值得我们考虑。前一阵我们的权威们认定是应试教育出了问题，学校、教师、家长、学生、社会都拼命追求高分，搞应试教育，分数是唯一目标，而这与我们考试的重在选拔有必然联系。选拔教育是少数人的教育，是英才教育，于是改革的举措相应地围绕考试来进行，于是出台了一系列淡化高考的政策，无非是加减法。加法如增加会考，会考也经过一系列的变化，由"记分＋等级"变为只看等级，后来又转为"记分＋等级"。由开始把会考成绩作为选拔推荐上大学的依据，转为没有推荐作用，后来又有推荐作用，最后到现在又变为没有推荐作用。重点高中自行命题会考，实际上从根本上削弱了会考的地位和作用。又比如，为了扭转面向少数人的英才教育，于是要搞面向多数人的教育，搞大众教育。改革的举措就是抹平学校与学校之间的界限、学生与学生之间的界限。于是出台小学升初中就近入学，重点中学初高中脱钩，重点中学全部变为高级中学，重点高中成倍地扩大招生，以实现所谓的教育民主化，大家人人教育机会均等。包括现在高校大量扩招，除了经济上的意义和在更广泛的层面上提高国民素质之外，也还有让更多的人有接受高等教育的机会，实现机会均等，以此来削弱为少数人发展服务的英才教育。这样做应该说有它积极的一面，但这样做就好了吗？这样做就根本上解决问题了吗？

我看不那么简单，任何事物都是相对的。高等学校再怎么扩招，重点大学、一流大学的热门专业总是有限的，竞争只是在不同层面展开罢了。现状就是这样，现在被高校录取而不就读的考生越来越多了，原因是学校不理想，或者专业不理想，今后出来就业机会太少。现在参加研究生考试的越来越多，原因就是本科生就业机会太少，竞争不过是推迟了时间，在不同层级上展开不同的竞争。再者，搞大众教育，面向大多数人就没有问题了吗？显然不是。其一，抹去了学校与学校之间的界限、学生与学生之间的界限，其实，并不能真正抹去英才学生与普通学生之间的客观差别，而且从根本上说也不能忽视英才对国家、民族生存、发展的重要作用；其二原有的问题依然存在，面向大多数学生，到底教什么，怎么教，依然没有解决。

我们的教育改革不能总在制度层面上做文章，不能只拣那些通过行政命令就好操作的事情来办，事实上，容易做的事情往往是价值不大的。

我以为我们不是不要英才教育，大众教育要，英才教育也要，问题是如何抓好英才教育。德国的教育同行曾对我们到访的教师说："你们的基础教育不是搞得很好了吗？你们培养了那么多奥林匹克数学、物理、化学、生物竞赛的金奖获得者，我们德国没有。但我不知道为什么你们中国要到我们这里来买专利技术？"这句话多么深刻，恰恰击中我们英才教育要害所在。我们的英才教育成了金牌教育（类似于华东师大二附中这样的学校就是所谓的"金牌学校"，我们常常以此为自豪）。中国人不是不努力，而是很少人去思考努力的方向，思考艰苦努力之后，我们拣到什么，我们又丢失什么。可以说金牌教育从根本上误导了我们的英才教育，误导了我们许许多多聪明绝顶的学生，使英才的天资白白浪费了。大运动量的解题训练，纯粹是为金牌而金牌，金牌变成唯一奋斗目标，导致他们永远生活在紧张的空气中，他们创造性的思维、创造性的人格没有得到开发，反而受到抑制。他们专一的训练使他们过早地"专业化"了，使他们无暇旁顾其他，因而根本不可能形成宽广的文化积累、深厚的文化底蕴，没有这些，如何造就创新人才？

大众教育也是如此，我们更多地关注书本知识，并常常很狭隘地将之孤立起来，穷追猛打，忽略其他而不顾，用功利的心态来操作，导致我们失去了很多宝贵的东西。比如让学生自由地支配闲暇时间，我们就做不到，甚至学生连闲暇时间都没有，全部排得满满的，这对学生成长是极为不利的。

用功利的心态来对待教育，对待学生，我们将失去更大的功利，在疲于有为的时候，我们其实更应该无为，这样的无为将带来更大的有为。然而我们常常不知道。这需要大智慧，我们很多人拥有许多小智慧，且常常因此沾沾自喜。大智若愚，小智慧者往往视"大智之人"为愚人，呜呼，悲哉！

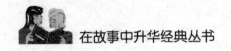

教育循环与教育民主

　　读澳洲教育历史，发现一个很有趣的现象，常常有人在一定时期跳出来振臂一呼，大声抨击现行教育制度的弊端，然后引起公众的注意，于是政府组织必要的调查，接着出台一系列的政策举措，结果教育出现了好转。一段时间之后，又是一个循环，每一个循环都是对上一个循环的超越。由此联想到，前一阵语文教育大讨论，非常热闹，批评、抨击、争执、呼吁，这绝对是好事。它是针对问题而来，而不是针对人；它应着眼于未来发展，而不是纠缠过去而不休；它对现状的批评，应是一种更高层次的扬弃，而不是简单的否定了事；它是为新的跨越、新的发展做准备，是必需的阶段。

　　而事实上，总有人对号入座，总以为这是对他们过去工作的否定，是无视他们的工作成绩，是无视他们的权威。于是接下来的工作思路又错了，他们组织力量宣传成绩，对抗批评，那么自然问题依然是问题，一切回归原样，结果是丧失了发展的机会。其实我们应该这样做，批评之后应该组织大规模的调查，在深入广泛调查的基础上，提出改革的措施和政策，实施全面彻底的改革，那么教育才能发展。

　　澳大利亚政府出台的政策都是面向全体的，州政府的政策、学校的教育改革也是在面上实施的，他们讲究民主平等，公平合理。我们国家的基础教育现在有两种形式，一种是适应社会基本需求的教育，也是这个学校生存的第一要着，比如升学率，没有升学率就没有大众信任，没有大众信任就没有市场，我想可以称之为生存教育。另一种是"亮点教育"。这是我杜撰的概念，这是社会一种需求，它通过政府，通过社会精英，通过各种媒体，对中小学提出更高的要求，它要求学校不能停留在生存的层面上，要有新的思路、新的亮点、新的发展。于是就产生了一些追求亮点的学校，也可以称之为"点缀式教育"。之所以如此称呼，主要是因为它不是真正面向绝大多数学生的政策，不是面向全体的改革，而只是一种点缀，是所谓锦上添花的"花"，而非"锦","锦"是块状的,是大面积的,"花"只是一点。我们的一些学校常常有这种现象,比如有的学校耗资巨大搞天文台,成立天文兴趣小组,又比如有的学校斥资搞所谓的体育项目,成立什么足球运动队,或篮球运动队,都是点状的,得益的是少数人。这种非民主不平等的改革举措在澳洲是不可能出现的。我们的改革,我们的政策应该让绝大多数人受益,而非极少数人受益。教育不能为追求名而追求名,为追求亮点而追求亮点。教育的改革应该是面向全体学生的,应该促进全体学生素质切实有效地提高。

我们的有些教育教学改革总是带有某些功利的目的倾向,希望在某一方面取得立竿见影的效果,但事情往往不能如愿,你期待的走向没有实现,却朝着你不注意的另一个方向发展,给你意料之外的收获,可能是正面的,也可能是负面的。比如我们建平中学实行"人手一机"(每个学生一台电脑)的教学改革,我们原先期望的主要目的之一是改变教学手段,提高教学效益,是从"教"出发。于是想方设法让教师在教学过程中尽量使用,结果教师在学校的督促下,疲于应付,制作教学课件实在是耗费太多的时间和精力,但其实效果不佳。另一个我们先前并不注意的可喜变化却产生了,那就是学生的学习方式,这是悄悄发生的变化。人手一机到位后,学生使用电脑的机会多了,电脑在中学里原来是作为一门学科来教学,而现在电脑又是一门技术,一门工具的掌握当然离不开相关的理论学习,但更主要的是在操练当中掌握。中学生正是好动的年龄,好动是他们的天性,在操作中掌握电脑的多种功能,在玩耍活动中开发自己的潜能,同时也训练自己的动手能力。事实正是这样,学生在不断的操作中,创造性变化出许多新的花样,有不少技能是电脑教师所无法破解的,尽管有些是调皮的,甚至是恶作剧的。人手一机的网络化教学实施后,学生学习渠道拓宽了,上网查询学习资料,获取信息,已经成为他们自主学习的主要方式之一。这不正是符合现在由教师的"教"向学生的"学"的有益转变吗?

学习不仅仅是教师要求下的学生活动,比如文化课、作业等,如果这样,只会把学生束缚在学科理论学习中,束缚在狭小的课堂里,束缚在教科书里,这只会走向我们期待的反面,造成学习的异化,学生丧失学习的兴趣。学生自主性活动,学生的兴趣爱好,学生特定年龄下的幻想和盲动都是一种学习,都是有益的教育,都对他们的成长有积极的意义。苏霍姆林斯基说:"(儿童)

只有不用全部时间来学习（指课堂里的学习），才能顺利地学习。"诚哉，斯言！

这天给我们上课的是中澳贸促会的一个中国代表倪少丹，原北京一所大学的副教授，她在悉尼读完教育硕士，对澳洲教育有许多直接的感受，重要的是她来自中国，因而她知道中澳之间教育的差别，哪些是中国缺的、澳洲有的，而且是有价值的。她向我们介绍澳洲学校是如何培养学生的主体意识，如何形成师生平等、民主的观念，教师如何在种种细节上与同学协商解决，如何给学生以选择的权利，给学生以自由，甚至给学生以选择接受处罚的时间和方式的自由。澳洲终身教育的理念，不像我们仅仅停留在口号上，他们即使是60岁也可以上大学，60岁的人与18岁的小伙子一起读书是常有的事。上大学的时间可以选择，包括用几年时间完成大学学业可以选择，几岁上大学可以选择，是上午上学，还是下午上学，或者是晚上上学可以选择，专业可以选择，而且可以变更，尽可能地为人们的学习提供方便，尽可能地让学习成为人们感兴趣的事，终身热爱学习。

应该说终生教育在澳洲是做得比较好的，在任何时候想读书都提供相应的条件读书学习。但是重视终身教育，并不等于忽视青少年的教育。听了倪少丹的介绍，似乎给人的感觉是学生学不学无所谓，不给学生施压，现在不想学不要紧，以后什么时候想学再学也可以，这样体现对学生的尊重。

澳大利亚的教师如此尊重学生，不会很严厉地批评学生，训斥学生，不会逼迫学生学习，中国的教师往往不够尊重学生。这些现象固然是客观存在，问题是如何找出隐藏在背后的原因，并提出解决问题的办法。我以为现象背后隐藏着很深的文化背景原因，中国传统的父子关系、师生关系暂且不说，就是中国众多的人口，激烈的就业生存压力，就非澳洲所能比。而且现在国内的中学生，他们的父辈大多没有上大学的机会，他们的祖辈更没有多少上大学的，祖孙三代人的希望都集中在孩子一人身上，孩子什么都可以不做，就是不能不好好学习，家长省吃俭用也要让自己的孩子上大学，这样的背景环境下，教师怎么不着急，怎么会不逼着学生好好学习呢？而且就目前情况看，中国教育固然有逼得过紧的一面，澳大利亚的教育也有放得过松的一面。过分迁就孩子也会导致孩子不能成材。过度放任，也会害了学生。澳洲学生吸毒现象比较严重，这也能说明一些问题。

人的时间是有限的，人的季节年龄是有时段划分的，不同的时间段有不同的特征，青少年是学习的最佳时期，错过了这个时期，以后很难补上，有些根本无法补上，比如语言的学习，特别是外语的学习，计算机的学习，都必须在青少年时间段进行，误了时辰，何时才能补得上？

农时不可误，人时更不可误，耽误了农时，只能等到来年；耽误了人时，只能等下一代人。

要尊重学生，要给学生选择的权利和机会，但不能放纵学生，不能耽误学生，不能误了一代人。这有个度的问题，其实很不容易把握。

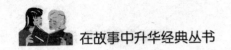

面对学生的反抗

◇ 赵宪宇

老是想说这个话题，但总觉得很沉重。教师面对学生的反抗，有时可能也觉得很是无奈和无辜。教师认为，我已经对学生那么好了，可为什么他们不但不理解，反而要做出过激的行为，有的老师甚至被学生殴打。心理学家常常来解读这样的现象，说学生是逆反心理造成的。但为什么逆反，怎样解决逆反，也都没有什么招数。实际上一个逆反心理，是太笼统了，太缺少个性化和背景化的分析了。

学生可以对教师不认同，有不满也可以罢教师的课。大学生和研究生的学习可以有这样的现象，中学里也应该有。学校要关注这种情形，学生已经不愿意接受某个教师的教育教学了，而我们还在压制学生。结果只能是由学生自己来处理了，学生和老师的关系不等于和父母，孩子出生在哪个家庭，那是上天注定的、不可更改的，在学校学生完全有可能和某个老师形不成教学的默契，但他们应该有权利做出某种选择。就现在的情况而言，我们没有给学生这方面的任何权利，这应该是教育的疏忽。许多学校也在开展征求学生对教师的意见的活动，但那也仅仅是作为学校领导了解教师的一个手段，不管是否得到学生的认可，老师还是像钉子一样钉在那个班级和那个岗位上。

我曾经到一个学校给学生上了一节语文课，我让学生编幽默故事，同学们很踊跃。编完后，请他们讲，一个女生的幽默是这样的。

一个学生探险到了非洲，遇到了食人族。他们围了上来，要吃掉这个学生。学生仰望苍天喊道："老师啊，你在哪里？这下我可是死定了！"不料想，苍天上居然传来了自己老师的声音。老师说："你赶快去找一块大石头，朝酋长砸去。"学生按照老师的吩咐做了，一下就把酋长砸得没气了。不想食人族

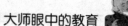

一下子涌了上来。老师这时说："这下你才是真的死定了！"

这位学生实际是在发泄对教师的不满，他有一个机会就不忘记表达这样的想法：老师，有时候你教给学生的究竟是什么？我们确实教的不全是真理，学生完全有理由对我们的所有行为提出怀疑。但从这里我也得到一个启发，不管是教师对学生还是学生对老师，有了矛盾的地方，都是可以通过沟通、通过轻松的活动，哪怕是一句轻松的语言来化解的。

我们见到的更多的情形，却是老师的威猛和学生的顽强。

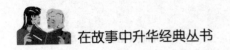
倾听民间的教育声音

◇ 朱永新

这可能是中国教育的第一本真正民间的蓝皮书。我们知道，白皮书一般代表官方的立场，绿皮书代表半官方的立场，而蓝皮书则是完全来自民间的声音。在一定意义上说，这是用第三只眼睛看中国教育。这本蓝皮书是在21世纪教育发展研究院院长杨东平教授的直接领导下进行的。作为他的朋友，我参与了全部的工作，也读过其中的一部分书稿。我认为，这本书至少有这么几个特点：

第一，观点的民间性。在研究这本蓝皮书的定位时，我们就提出，要区别于中央政府、国家立场或学院派定位，具有社会视角和民间立场，形成自己的特色，争取成为国内最有影响的教育类"蓝皮书"。因此，在具体的写作过程中，比较注重更多地表达第一线教师、学生、家长的观点，以及社会各界对教育的评价、态度。例如，有些年度教育热点问题是通过"教育在线"网上征求的；有些数据是通过网络、媒体进行的一些民意和教育调查来收集的。拓展、培育非官方的数据和统计，从专项、局部、个案式的，逐步发展出中观、宏观的调查和数据系统，是这本蓝皮书努力去进行的一种尝试。

第二，视角的独特性。与传统教育著作不同，这本书不是就教育讨论教育，而是采取从社会视角和大教育视角来看教育。如在数据和资料方面，在强调权威性，引用官方统计的同时，注重辅以各类其他调查和数据，包括较为丰富的社会教育信息，如大学排行榜、热门学科专业、人才市场供求信息等。除数据、统计之外，这本蓝皮书还记录了正在发生的有影响的教育事件。通过年度教育"大事记"这样的文本，记录了许多官方著作不太重视的重要教育活动、教育事件（如重要的教育会议、教育立法、教育文件，高考舞弊案，怀孕大学生官司，媒体有关教育问题的讨论，教育家的活动等等）。区别于只记录官方和领导人活动的官方史，这本蓝皮书对正在发生的教育变革作了比较鲜活、丰富的民间记录。

第三，问题的研究性。这本蓝皮书与一般的白皮书、学术著作不同，强调用民间的立场，反映民间的声音，但是同时要求具有理论性、学术性，能获得主流学术界的认可，并与国外交流。从目前的书稿来看，基本达到了这样的效果。2003 年发生的重大教育事件，以及社会问题对于教育的影响，在蓝皮书中都有详细的分析。例如，关于"非典与教育：检验教育管理和学生素质"、大学生就业问题、北京大学改革：大学制度改革揭幕、农村教育问题、民办教育的制度环境与政策、职业教育的危机与生机、教育市场化的进程、新课程和"新教育实验"等。杨东平亲自撰写的总报告更是高屋建瓴，从整体上把握了 2003 年中国教育发展的脉搏。对于现实问题的关注和分析问题的理性，为我们理解 2003 年的中国教育提供了一个非常有用的读本。

当然，这本蓝皮书也有一些不足，尤其是附录部分，本来我们有许多原创的想法，准备利用"教育在线"网站进行大规模的调查，但是由于时间和精力的问题，没有能够做成。对于专题问题，本来准备邀请一些最有研究的专家亲自撰写，由于他们有更重要的事情要做，临时换了一些作者，等等。我们希望，通过这次的尝试，使我们积累更多的经验，把这本蓝皮书做成具有积累和收藏价值的连续出版物。

最后，我要感谢高等教育出版社的大力支持，他们的高效率和对教育问题的关心，为我们顺利完成这本蓝皮书奠定了基础。感谢杨东平老师，他为这本书连续工作，度过了许多不眠之夜，几乎神经衰弱。在这本蓝皮书中间，我们大概可以看到他的教育情结，他的工作精神。

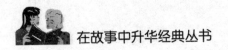

幸福着你的幸福

◇ 朱永新

不知道是哪位诗人写过这样一首《寻找幸福》的歌词：

我徘徊在十字街头

东张西望寻找幸福

不知她在深巷小屋

还是在大厦高楼

我眼前一片迷茫

心中装满烦愁

我站在十字街头

不知到哪里寻找幸福

我访问了每个窗口

人人都说没有幸福

我走遍了茫茫宇宙

看见一个灿烂星球

上面有一座小屋

里面尽是幸福

我朝着小屋飞去

这正是我的家，是我幸福的源头

读这首歌词的时候，我曾经问自己：我的小屋在哪里？我的家在何方？

其实，这样的问题不知道有多少人提出过。据说曾经有人问一位大师："幸福在哪里？"大师回答："幸福就是从自己的哭声中开始，又在别人的泪水中结束，这中间的过程就是幸福。"众人都不解其意。大师继而讲了一个故事：一天，神对一个有名望的人说："你的车子、房子等所有的财产都是我给你的，今天我要全部取回。"名人一看，神的旨意不可违，只好奉还了所有家当，从此他变成了一个两手空空的穷人。过了几天，神又过来对他讲："你的妻子、孩子、朋友也是我给你的，我也要取回去。"无奈，名人只能从命，变得孤苦伶仃。又过了一些日子，神再次到来，说："你的身体、血液、骨髓也都是我给你的，我也要取回去。"名人诧异地问："那什么才是属于我的东西呢？"神答："有一样东西是别人永远都无法拿走的，这才是真正属于你自己的东西——那就是生命中你曾经爱过的、恨过的人和经历过的所有事情。而这些，才是真正永久属于你的幸福！"

神的回答还是不能使我满意。在我们的生活中，每个人都会经历爱与恨，都会有许多人生的体验，但是真正能够让人刻骨铭心、回味无穷的东西，才有可能是幸福，当然，也有可能是痛苦。经历痛苦与体验幸福可能是一个问题的两个方面，从这个意义上说，两者都可以说是幸福。那么，对于我来说，什么是让我刻骨铭心、回味无穷的东西呢？答案只有一个：教育。我曾经写过一篇文章，题目就叫《教育，我的至爱》，我也写过一本书，书名就是《享受教育》。我是一个集学生、教师、教育研究者和教育管理者于一身的人，教育是我生活中最重要的内容，教育也是我生命中最重要的事情。

当然，我不是自己一个人在独自享受着教育的幸福。我和千千万万个教师、千千万万个父母、千千万万个学生一起享受着教育的幸福。虽然我和他们的生活中也有困难，也有烦恼，但是，我们在追求教育理想的行程中互相鼓励、互相支持。在"教育在线"网站，我找到了这样一群志同道合的朋友。写到这里，我的眼前出现了一个个熟悉的名字：李镇西、卢志文、储昌楼、焦晓骏、冯卫东、袁卫星、"溪梦"、"小曼"、"滇南布衣"、"红荻"、"瓜山书生"、张菊荣、陶新华、高子阳、"大潮河"、"玫瑰"、张向阳……我的耳边响起了一首熟悉的歌声："因为爱着你的爱，因为梦着你的梦，所以悲伤着你的悲伤，幸福着你的幸福，因为路过你的路，因为苦过你的苦，所以快乐着你的快乐，追逐着你的追逐。"这首歌在 20 世纪 90 年代初就流行一时了，但是我们至今还没有忘记，因为它真实地反映了共同奋斗的朋友们的共同感受。

在这个时候写后记也是幸福的。写这篇后记的时候，我同时在回忆着和同事、朋友、领导一起在教育的田野上耕耘的情景，同时在咀嚼着教育的幸

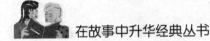

福。我发表的第一篇文章是随笔，中间的文章大部分是论文，过去我和大学的同事们曾经把小文章说成是"豆腐块"，认为这是不登大雅之堂的东西。但是，最近几年，随着我走进中小学教师的生活，随着我与他们零距离的亲密接触，我发现他们最喜欢这样的"豆腐块"，喜欢来自生活的鲜活的东西。因此，我开始喜欢着他们的喜欢，写下了不少这样的文字。

《享受与幸福》的原稿是《享受教育》，是由四川教育出版社出版的"教育在线文库·教育随笔系列"中的一种。整理这本书的时候，得到了网友张菊荣和冯卫东先生的大力帮助，张菊荣的夫人帮助打印了许多文字。由于是张菊荣写的跋，我没有机会感谢他们的劳动，这次总算有机会对他们表达一下自己的谢意了。当我把书送给张菊荣的时候，张菊荣说，他和夫人一直在享受着《享受教育》，其实，我知道，他们是在幸福着我的幸福。我还要感谢焦晓骏先生，他帮助我整理了这本书的文档格式和网友的回帖，他也是修订版的第一个读者。

应该说，幸福是一种感觉。左拉说："每一个人可能的最大幸福是在全体人所实现的最大幸福之中。"穆尼尔·纳素夫说："真正的幸福只有当你真实地认识到人生的价值时，才能体会到。"拉美特利说："有研究的兴味的人是幸福的！能够通过研究使自己的精神摆脱妄念，并使自己摆脱虚荣心的人更加幸福。"罗佐夫说："人在履行职责中得到幸福。就像一个人驮着东西，可心头很舒畅。人要是没有它，不尽什么职责，就等于驾驶空车一样，也就是说，白白浪费。"罗曼·罗兰说："创造，或者酝酿未来的创造。这是一种必要性：幸福只能存在于这种必要性得到满足的时候。"果戈理说："如果有一天，我能够对我们的公共利益有所贡献，我就会认为自己是世界上最幸福的人了。"徐特立说："一个人有了远大的理想，就是在最艰苦的时候，也会感到幸福。"别林斯基说得更彻底："幸福，假如它只是属于我，成千上万人当中的一个人的财产，那就快从我这儿滚开吧！"这些关于幸福的名言妙论尽管各不相同，但基本揭示了幸福的基本特征，这就是——幸福应该是在创造中的，幸福应该是在服务中的，幸福应该是在研究中的，幸福应该是与别人分享的。教育，恰恰是具有这些共同的特征，因此，教育是让人们幸福的事业。

亲爱的朋友，如果你读完这本书以后还有一点收获的话，那么，让我们一起感谢教育，感谢给我们幸福的教育生活！

丑小鸭是怎么飞起来的

—— 爱因斯坦的成才之路对教育的启示

◇ 朱长超

在人类告别 20 世纪的时候，美国《时代》杂志公布了 20 世纪的"世纪人物"，第一位是科学家阿尔伯特·爱因斯坦，第二位是富兰克林·罗斯福总统，第三位是印度的圣雄甘地。

在历史进入新一个千年的时候，西方某个学术组织调查人们心目中近 1000 年中的 100 位伟大人物。结果，爱因斯坦又名列榜首。

爱因斯坦是 20 世纪物理学的两大支柱之一的相对论的创立者。26 岁那年，他作出了震惊世界的三项伟大发现。他的科学成就改变了人类的时空观；他反对纳粹的专制统治，反对战争，对人类社会的进步产生了重大影响。他是 20 世纪中最有影响的伟大人物之一。

然而，他的成才走过的是一条奇怪的道路。追寻他走过的成才之路，发现路上的崎岖和坑洼，对于改进我们的教育，对于改善人才成长的环境，也许会有不少启示。

一只笨拙的丑小鸭

爱因斯坦 1880 年出生于德国小镇乌尔姆，父亲是一家小电器工厂的主人，母亲是一个普通的家庭妇女。他的族系是普通的。

幼时的爱因斯坦，没有丝毫天才的迹象。他直到四五岁，还没有学会说话，而比他小两岁的妹妹早已牙牙学语了。他的父母担心这个孩子大概不会说话了。小时候的爱因斯坦，不仅开始说话的时间晚，而且说话迟缓，动作笨拙。

上学以后，他的成绩很一般，多数老师认为他将来不会有什么出息。他像是一只没有人喜欢的丑小鸭。小学老师有次让同学们做一只纸折的小板凳，老师看着他的纸工，对他说，这是一只世界上最难看的小板凳。他的父亲有一次向老师了解爱因斯坦的学习情况，老师说："他智力迟钝，话也说不清楚，嘟嘟哝哝像患了梦游症一样。他是成不了才的。"

爱因斯坦读中学时，成绩也很一般。要用心记忆的功课，如拉丁语、英语、生物学等，成绩都不理想。有一次，他的爸爸到中学里找教导主任，主任告诉他说，他的儿子整天痴痴地不知想着什么，无论他长大了做什么，都不会成功。老师说："这个孩子生性孤独，智力迟钝，不守纪律，将来无论做什么，都不会有大的出息。"

他在路德波尔特中学上高中时，这所学校采取灌输式教育法，强调服从，要学生死记硬背，还硬逼着学生参加军训课，爱因斯坦曾受到极大的压抑。军营式的管理，大量的背诵和记忆，极大地损害了他对科学的兴趣，以致他有很长一段时间，不想看科学方面的书。他后来曾感慨地说："现代教学法竟还没有把研究问题的好奇心完全扼杀掉，真可以说是一个奇迹。"

爱因斯坦考大学也不顺利，第一次没有被录取，第二年才考取。在大学里，他也不是老师眼中的好学生。

大学老师不喜欢他，一个重要原因是他不按老师的规定听课，也不按照老师的章法做实验，他是按自己的实际情况选择课程的。有些功课他自学过，理解了，掌握了，就不再去听老师的课，而是自己到图书馆里读喜欢的物理学著作。做物理实验的时候，老师规定了实验的步骤，但是，爱因斯坦却想，能不能用别的办法进行这个实验，通过别的途径得出同样的结论呢？他自己设计了实验的线路，将老师的实验程序丢在一旁。物理学教授对他不按照自己的布置做实验很有意见。但是，恰恰在构思新的实验中，爱因斯坦锻炼了自己的创新能力，锻炼了另辟蹊径、不落旧窠的创新品质。

大学毕业后，几个同学都在老师的推荐下找到了令人羡慕的工作，但是，爱因斯坦却没有找到工作。他写信给教授，告诉教授自己有志于物理学的研究，希望教授推荐。但是，教授没有给他回信。在教授的心目中，爱因斯坦不是好学生，也不会有出息，所以连回信也懒得写。许多年后，爱因斯坦和这位教授在一次国际物理学年会上相遇了，这时，爱因斯坦已经是世界著名的大科学家了。教授对他说："我真是老糊涂了，一个杰出的人才就在我的眼前，我却没有发现，你的信我还保留着，它不时地提醒我曾多么糊涂。"

爱因斯坦在物理学领域创立相对论后，他在老一辈物理学家的眼中，也不是他们所喜欢的物理学后辈传人。在爱因斯坦之前，美国物理学家迈克尔逊和莫雷想验证以太的存在，进行了著名的"以太漂移实验"，结果没有发现以太存在的证据。爱因斯坦以以太不存在和光速不变为前提，研究物体的时间、空间、质量与运动速度的关系，创立了相对论。相对论的前提是迈克尔逊和莫雷实验，即牛顿力学假定的介质以太是不存在的。后来，爱因斯坦与迈克尔逊相遇，爱因斯坦对这位物理学家前辈非常恭敬，对他说："您作出巨大贡献的时候，我还是个孩子，只有一米来高。正是您的伟大成就，才建设起现代物理学大厦的基础。如果没有您的伟大的寻找以太的实验，我们还只能在黑夜中摸索。"爱因斯坦是真诚的、谦逊的。但是，迈克尔逊却并不喜欢相对论，也不喜欢爱因斯坦，他心中的牛顿力学的大厦依然巍峨挺立。他对爱因斯坦淡淡地说，他的寻求以太的实验居然孕育出了相对论这样的"怪胎"，真是一件怪事。他把相对论看作是一个"怪胎"，把爱因斯坦看作是一个"产下怪胎的母亲"。

可见，从小学到大学，到成才，爱因斯坦一直是被老师瞧不起的丑小鸭。然而，就是这只丑小鸭，却成了物理学的大师，成为物理学革命的领袖人物。这是多么发人深思的爱因斯坦现象啊！

爱因斯坦怎么成才

从小学到大学，没有一个老师喜欢爱因斯坦，他是在冷遇中成长的。然而，爱因斯坦在老师不喜欢的环境中，艰难地成长着，终于成为一个伟大的科学家。

大学毕业后，他一度找不到工作，后来进了专利局当一名小职员。他很艰难，有时候，他背着孩子思考，有时候，他生着炉子发呆。他在 26 岁那年，突然爆发了思想的火花，发表了震惊世界的三篇论文。第一篇提出了相对论，即时间、空间、质量都是可变的，随着物体运动速度的变化而变化，牛顿力学只是对低速运动物体规律的一种描述，是相对论力学的一个特例。第二篇是他对光电效应的量子解释，完满地解释了光电效应的原理。第三篇是对布朗运动的解释。相对论改变了现代人的物质观、时空观和运动观，光电效应成为他获得诺贝尔奖金的主要依据，对布朗运动的理论解释也是巨大的科学成就。科学史家认为，他这三项成就，每一项都有资格获得诺贝尔奖。

此后，爱因斯坦又创立了广义相对论，预言了激光原理，在统一场领域，作了开创性的理论研究。他在反对纳粹的思想专制中，在自然哲学的研究中，在反对核战争的和平运动中，都取得了卓越的成就。

他的巨大成就与在学校里遭遇的强烈反差，使人们会问，他是怎么成才的呢？他的成才，是僵化的教育制度的哺育成果吗？他成才的诀窍，是教育学、人才学研究需要关注的一个问题。

他的成才，得益于家庭教育弥补了学校教育造成的心理缺陷。学校里老师一而再、再而三地认为他是个不会有出息的孩子。他是个老师不喜欢的孩子，老师的心理歧视，必然会给他带来心理的阴影。爱因斯坦很可能会成为一个自卑、自弃的学生。这种心理可能使他无所作为，在困难面前畏畏缩缩，成为一个缺乏独立思想、缺乏主见的人。幸亏，民主和丰富的家庭教育抚慰了小爱因斯坦受伤的心灵，他仍然是个精神健康的孩子。他做的小凳子，老师讥讽它是世界上最差的一只小板凳。他的父亲见了，并没有训斥、挖苦，而是鼓励他再做，努力做得更好些。当老师挖苦他做得最差时，他拿出了第一只小板凳，告诉老师，交作业的一只不是最差的，第一只更差。他没有在老师的深深的鄙视下有什么自卑，也没有放弃理直气壮地为自己辩护的勇气，他的平静的话语中还有一点小小的幽默感。每次父亲到学校去，都会听到老师对自己孩子的批评和残酷的评价，但是，他从来没有拿孩子出过气。要是一个中国爸爸，他们看到孩子的成绩没有达到自己所期望的优良水平时，就会大声责骂，有的甚至会打孩子的耳光。要是听说老师如此评价自己的孩子，不大发雷霆的父亲是很少的。但是，爱因斯坦的父母小心地护卫着儿子的心灵。可以说，没有父母对他的爱护，在陈旧的教育制度下，在老师粗暴的心灵压抑下，小爱因斯坦和其他孩子的创造性的萌芽很可能被完全扼杀掉。他的成才，真可以说是一种奇迹。

他的成才，得益于良好的非理性思维的教育。爱因斯坦在家里受到良好的音乐教育，这对于他的形象思维能力的提高，起了相当重要的作用。他的母亲有很好的音乐才能，从6岁起，她就教爱因斯坦弹琴。音乐成了爱因斯坦重要的休息方式、思维方式。在创立相对论的日子里，休息的时候，他就拉琴。拉琴的时候，他也在思考。音乐锻炼了他的形象思维能力，激发了他的想象力。他曾说过，想象力比知识更重要，知识是有限的，而想象力却可以弥补知识的不足。从小所受的良好的音乐教育，对于他想象力的发展，起了良好的催化作用。他运用思想实验的方法构造相对论，研究同时性这样深刻的理论问题，都离不开丰富的想象力。

爱因斯坦的成才，也得益于家庭教育培育了他的自学能力和钻研能力。童年时，父亲曾送给他一个罗盘，告诉他罗盘的指南性。爱因斯坦被罗盘迷住了，对罗盘进行了反反复复的测试，无论罗盘放在什么地方，它的一个指针总是指向南方。他设想了种种原因来说明它为什么指向南方，他曾设想罗盘中有一个小人把握着它的指向。对罗盘的指南性的兴趣和探索，是他童年时代进行的一项科学研究项目。12岁那年，叔叔雅各布送给他一本《欧几里得几何学》。他通过自学，掌握了它的一些内容。他经过刻苦钻研，独立证明了毕达哥拉斯定律。正是这本书激发了他对数学的兴趣，激发了他的自学能力。他对问题的寻根究底，他的自学的能力，都是在家庭教育中培育起来的。他感到，自然界里有一种不以人的意志为转移的规律，它们平时看不见，但是存在着，不时地表现着自己。一个直角三角形，无论你怎样左看右看，怎么也看不出斜边的平方会等于两条直角边的平方之和。但是，人的理性却发现了它，证明了它。逻辑的力量是多么的强大啊！他开始懂得，人的感觉只能发现世界的表象，只有理性才能发现世界内在的规律，而要有所发现，必须探究和思考。

可以说，爱因斯坦的家庭教育承担起了他成才的主要的任务。良好的家庭教育发展了他的智慧，保护了他的创造精神，培育了他独立思考的能力和探索未知世界的浓厚兴趣。

爱因斯坦现象的启示

爱因斯坦从一只人人都说丑的丑小鸭变成了特别漂亮的天鹅，爱因斯坦现象发人深思。

第一，我们需要重新审视教育的价值观。

教育要关爱所有的孩子，要让他们都得到发展。在教育史上，有许多老师不喜欢的孩子最后都成了人才。美国的爱迪生被老师开除了，因为他学数学时向老师提了一个问题：为什么一加一等于二呢，是谁规定的？这其实是个深刻的问题，问题的实质就是数学的规律是怎么来的。老师也许根本没有思考过这个问题，于是认为他又笨又捣蛋，让他停了学。遗传学的创始人孟得尔也被老师认为是坏学生，因为他问老师为什么有的苹果是红的，有的是黄的，老师的回答是上帝的创造。孟得尔又问，上帝是怎么创造的。这本来没有错，但是，老师却认为，对于上帝的创造，只能赞美，不能有疑问。另一个大数学家欧拉，老师也不喜欢，因为他问老师天上有多少颗星星；又问，上帝是怎么将星星放到天上的。于是他被开除了。

我们的教育也存在这类问题。老师喜欢的学生，小学阶段多半是女同学，她们较早熟，较文静，较听话。老师喜欢的学生，都是比较听话的温驯的学生。教授喜欢的学生常常以老师的学说为学说，这种听话性、一致性影响了一个民族创造力的发挥。老师对于学生，要容纳多样性，要关心暂时较差的学生。教育，应该让所有的学生都有发展的机会，而不应把教育集中在一些智慧儿童身上。爱因斯坦不是一个早慧儿，他开智得很晚。他的父母没有因为他开智较晚就放弃，就歧视，而是充满爱心地培育他。无数的事实表明，智慧的成长、成才的道路是很复杂、很多样的；智力是多元的，发展是不均衡的。有的人长于记忆，有的人长于观察，有的长于思维。早慧不一定有成，迟慧也可能是大才，不要看不起丑小鸭，教育要让所有孩子受到雨露的润泽。

学校不应成为灌输知识的工厂，学校应当培养独立思考的人，学校应当把发展独立思考和独立判断的一般能力放在首位，而不应当把取得专门知识放在首位。爱因斯坦认为，如果一个人掌握了学科的基础，并且学会了独立思考和独立工作，就必定会找到自己的道路，而且比起那种只关心获得细节知识的人，会更好地适应进步和变化。今天我们经常遇到的高分低能现象，其根源就是没有重视培养独立思考，而过分注重细节知识。

学校要创造一种宽松自由的气氛，给学生学习留有一定的自由度。爱因斯坦读大学时，物理学教授韦伯讲的是传统物理学，爱因斯坦已经自学过这些知识，他的兴趣在理论物理，因此他就不上物理学课，而自修理论物理。他认为，自由出智慧，自由能保护学生珍贵的好奇心。他说过，好奇心"这棵脆弱的幼苗，除了需要鼓励外，更重要的是需要自由；要是没有自由，它不可避免地会夭折。认为用强制和责任感就能增进对观察和探索的乐趣，那是一种严重的错误。相反，我认为，即使是一只健康的猛兽，如果在它不饿的时候还继续用鞭子强迫它不断地吞食，就算吞得进，也会使它丧失贪吃的天性的，尤其是如果强迫喂给它的食物是经过一定的选择的"。今天，我们仍在使用着升学的"鞭子"，强迫学生不断地吞食。

学校要发展学生的个性。不应把学校简单地看作是一种把最大量的知识传授给下一代的工具。知识是死的，而学校却要为活人服务。爱因斯坦认为："没有个人独创性和个人志愿的统一规格组成的社会，将是一个没有发展可能的不幸的社会。"学校也要培养崇高的道德品质和情感。爱因斯坦主张，学校要进行伦理教育，"要是没有伦理教育，人类是不可能得救的"。他反对只讲究知识的态度，因为"那种'讲究现实'的思想习惯，它们像严霜一样冻僵了人类相互体谅的情感"。

第二，要高度重视家庭教育。

家庭教育是教育的重要组成部分，父母是孩子的第一任老师。心理学研究表明，儿童心理和智力成长存在一个关键期。关键期一般都在低幼阶段。因此，家庭教育实际上是一种早期教育和整体教育，既是智力的教育，也包括人格的教育，家庭教育对于孩子的成长具有奠基性的意义。历史上大量人才成长的经历表明，家庭教育与成才关系非常密切。爱因斯坦的成才，也与他的家庭教育、早期教育有关。他的父亲对儿子是宽容和鼓励的，这促使他爱上了科学。他的母亲教他音乐，锻炼了他的右脑，激发了他的想象，发展了他的形象思维能力。但是，中国目前的家庭教育存在着不少问题。由于多数孩子是独生子女，而中国父母对儿女有宠爱的传统，孩子们的生活条件过于优越，缺乏锻炼和吃苦的机会，他们的人格成长是有缺陷的。许多父母是经历过"文革"和上山下乡的一代，由于他们特殊的成长情况，往往把自己受教育的遗憾过于急切地想在孩子身上得到补偿，对于孩子的成长给予了过高的期望，施加了过大的压力。这种过于沉重的家庭教育对于孩子的成长是非常不利的。

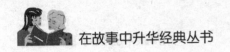

学习的味道

◇ 赵宪宇

学习有味道吗？可能因人而异。有人感到甜，有人感到苦，有入学得酸，有人却学得辣。

一般的理解可能就是一个"苦"字。"书山有路勤为径，学海无涯苦作舟"。"宝剑锋从磨砺出，梅花香自苦寒来"。"皇天不负苦心人"。凡此种种，似乎古人的感觉还是以"苦"味为主的。当然也有感到甘甜的味道的，不仅仅是在金榜题名时，不仅仅是拥有黄金屋和颜如玉的时候，也不是那种"吃得苦中苦，方为人上人"的快乐和满足，更多的是在读书的过程中。在学习中解决了疑惑，受到了教益，开阔了眼界，是能够让人感到很惬意的。我想，古人的书中有黄金屋和千钟粟，除了表达一种荣华富贵以外，还应该有一种知识丰富的愉悦。过程艰辛，但苦中有乐。不过，如果只看结果的话，过去的读书人可能更多的是一个"酸"字，为什么？学得酸楚，心酸，身体也酸，整日里把灯油熬尽，把冷板凳坐穿，怎能不腰酸背痛呢！更"酸"的是没有功名的时候，往往剩下的只是一无所用的穷酸。像孔乙己之流，最后由酸而亡。辣，是另一种滋味，好像是很少有人来体味。学得辣的人，是很投入的那一种。这种人按时下的观点肯定是好事情。但太投入了，往往就不容易走出来，学成了书呆子，成了书蠹。如果一味地想获取功名，容易出离正常人。像范进之类，由辣而疯。

学习是五味俱全的，体会的时候往往是复杂的感觉，但要有一个主流的味道。以什么味道为主，其学习的目的、效率和为人的形态，可能就不太一样。一般认为，以学习为乐、把学习看成是甘甜味道是学习的一种好味道，是一种积极向上的好的学习态度。其实仅有甜的味道也有它的不足之处，因为学习本身确实有其辛苦的一面，如果不下一定的功夫，也就是不吃一定的苦，很难学到更多的知识和真正的本领。如果老想到是甜美的事情，那可能容易把学习当成一种逍遥、一种调节。"苦尽"可以"甘来"，但甘太多，也不行，"甘尽"也可以"苦来"的。所谓的"少壮不努力，老大徒伤悲"，"白了少年头，空悲切"就是这个转变的写照。

学习要有苦的准备，要有辣的精神，要有甜的追求，还要防止酸的结局。这应该是我们现在的一个基本的学习观。

从历史回到现实，来到我们的教室，我们的学生究竟把学习当成了什么味道，需要我们教育者来观察、把握和调整。有"为赋新词强说愁"的，但也有喊出"苦不苦，想想题海半夜渡；累不累，看看跨世纪的新一辈"的。似乎他们比 82 岁还在准备科举考试的梁若灏还苦，比"头悬梁，锥刺股"的孙敬和苏秦还累。如果众多的学生都有这种感觉，可能不仅是他们的主观感受了，更多的应是我们提供的教育环境的问题。

要想读书有一个好的味道，学习者的自我感觉是重要的，而学习的环境则更为关键。

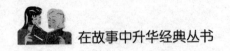
太阳，每天都是新的

◇ 程红兵

以创造的眼光看世界，诗人说，太阳，每天都是新的。这是多么富于哲理性的一句话。以创造的眼光看教师，教师的生活每天也是新的，也是富于魅力的。我当然知道教师这个职业的清贫、劳累，这是一块让人日夜操劳的田地，然而我更知道这也是一块土质肥沃孕育着无限创造生机和创造潜力的田地，只要深耕细作，必有收获。

从教 11 年（1982 年—1993 年），11 个春夏秋冬，4000 个日日夜夜，我送走了千百个学生，我撰写了上百万字的教案和教研论文，11 年的生活是单调重复的，也是多彩多姿的，11 年的工作是辛苦的，也是充满欢乐的。回首往事，我无怨无悔，因为我是以一个创造主体的角色置身于中学语文教育，在我的面前有一个崭新的世界。

新的目光产生了新的认识，过去总以为教师是蜡烛，牺牲自己，造就他人。其实教师造就自己与造就他人二者本来并不矛盾，或者说，教师是在造就他人的同时也完成了对自身的塑造。虽然我们都是普通人，像水滴，也像沙粒，阳光下化作一缕轻烟飞去，大雨中埋入深深的泥里；然而是水滴我们可以尽力去辉映那多彩阳光，是沙粒我们众志成城凝为一体，能为万丈高楼奠基。我以为教师是平凡的，然而于平凡之中也能见出伟大。我是青年知识分子，在我的血管里也流淌着青年人的热血，我不甘平庸，不甘碌碌无为，渴望进取，追求创造，追求卓越，不做教书匠，要当教育家！教师创造成材的必由之路在于投身教研、教改，舍此，别无选择，教学研究是高质量教学不可缺少的组成部分，是教师职业的职责之一，可以提高教学质量。

新的认识引发了新的追求，几年来，我先后购买了 2000 多册书刊，教学之余全身心地投入到教研活动之中，先后在北京、上海、天津、广州、深圳、沈阳、西安、南宁、南昌等十几个城市的十几家省级、国家级教育刊物和大学学报发表了 30 多篇论文，有 6 篇论文获得省级以上优秀论文奖，一些论文在全国中语界引起了较大反响，得到了于漪、钱梦龙等教育界知名人士的肯定和鼓励，上海市教育局教研室副主任陈钟梁先生在刊物上发表文章热情肯定了我的论文。我的一些论文在中语界引起争鸣。今年（1993 年）上海《语文学习》新设"青年教师点将台"栏目，首刊我的论文，并附介绍文章——《程红兵，一个逐渐眼熟的名字》。用创造的眼光看语文教学，你会有许多新的发现，新的收获，积极研究，虽然辛苦，却乐在其中，你能体会到创造的喜悦，你能享受到成功的欢乐，每当接到样刊时，那淡淡的油墨芬芳沁人心脾，令人心醉。

新的追求带来新的提高。教学研究使自己的教学水平有了很大长进，慢慢形成了自己的教学特色，教学中我很注意发掘教材的情感因素和人格教育因素，力图创设一个良好的情感育人氛围，以情感人，以情动人，以情育人，在学生心中荡起情感的涟漪，用美好的情感感染学生，陶冶学生的情操，以培养学生的健康人格。同时我也很注意培养学生良好的思维品质，教学中，侧重方法指导，侧重思维训练，教给学生分析文章的方法，教给学生科学研读的方法，让学生在阅读和写作的实践中培养创造能力。1988 年以来我先后夺得上饶市、上饶地区中学语文优质课评比第一名，1990 年夺得江西省中学语文青年教师"四特杯"优质课大赛一等奖，1991 年夺得江西省电教优质录像课评比二等奖，并在中央教育电视台播出，许多地市教研室、学校纷纷组织教师前来听我的课，或特邀我去上示范观摩课，沈阳师范学院的滕英超教授认为我的课独树一帜，自成一派风格，收录在《中学语文教坛风格流派录》一书中。教学研究也使我对师生关系有了全新的认识，我是学生的老师，也是他们的朋友，我尊重他们，也赢得了他们对我的尊重，我真诚地对待他们，也赢得了他们对我的信任，师生关系和谐，教学成绩大幅度提高，所教学生的高考语文成绩多次名列学校、市、地区前茅，平均分比省平均分高出 10 多分，考取清华大学的苏永康同学对我说："您是第一个使我对语文发生强烈兴趣的老师。"李德明同学来信对我说："正是因为您的帮助，使我语文水平大有进步，正是高考语文的高分，我才能考进中国人民大学。"

各级组织给了我许多荣誉，我多次获市优秀教师称号，还获得优秀青年教师称号，地区优秀教师称号，地区"科技教育新秀"称号，1991年获国家教委、国家人事部颁发的"全国优秀教师"荣誉称号。1993年获"江西省中学十佳青年教师"称号，我把300元奖金全部捐给了"希望工程"，对濒临失学儿童献上一个青年教师的爱心。

新的提高根源于新的思维境界。教师只有站在更高的思维层次、更高的思维境界上看问题，才能高屋建瓴地指导学生，才能在工作中有所发现，有所突破，有所建树，否则你的一切只停留在经验的、感性的层次上，你的所作所为的意义、价值就不能充分体现出来，从而影响了你的经验存在的意义和推广的价值。要站在一定的高度，就必须用哲学理论、哲学思想来指导，因为哲学是文明活的灵魂，革命导师告诉我们："人民最精致、最珍贵和看不见的精髓都集中在哲学思想里。任何真正的哲学都是自己时代精神的精华。"（《马克思恩格斯全集》第1卷第120—121页）那些不会用哲学去思考问题的教育工作者必然是肤浅的。哲学作为思维方法和范畴体系，执行着提高人们的思想意识和思维水平的功能。马克思主义哲学可以培养人们认识和思维上的深刻性，认识和理解上的整体性，探究和预测上的前瞻性，个性和人格上的进取性。马克思主义的唯物辩证法，既有人生观的指导意义，又有方法论的指导意义，以它为指导，你就能站在更高的层次上，对待人生，你不会因为教师职业的辛劳而嫌弃它，你能在平凡之中看出伟大，从而坚定你不屈不挠献身教育事业的信念。对待教学教研，人家只看到了个别，你就可以看到一般，人家只看到了一般，你就可以用一般来剖析个别；人家站在第一个层次上，你就可以站在第二、第三个层次上，使你有了成功的可能。这一点我是深有体会的，参加江西省优质课大赛，别的选手都是就课文讲课文，就个别谈个别，而我则不然，我是就一篇课文的阅读，帮助同学理出这一类课文的阅读方法。在地区优质课评比上，我则更进一步，在由个别上升到一般之后，进而指导学生用一般的方法阅读分析一篇新的课文，由一般回到个别，指导个别，得到了行家们的赞赏。教学研究也是如此，现在人们的学科教学研究往往是就语文谈语文，就数学谈数学，纯本体地进行研究。而我则不然，我不是孤立地静止地看语文，而是历史地、综合地、发展地看语文，追根溯源，找出教学教育的终极目的，然后把语文教学放到培养为社会服务有健康人格的人才这一大背景下考察，和语文的左邻右舍结合起来考察，探讨如何在语文教学中培养学生的健康人格，选题新，而且有意义，这显然得益于哲学思想的指导。

生活在今天这个时代，我万分高兴和自豪，这是一个万象更新、万马奔腾的时代，这是一个需要教育家而且能够产生教育家的时代，承先启后、继往开来的重任历史地落在我们这一代跨世纪的青年教师身上，我深信一个历史重任没有群体的崛起或崛起的群体是决不可能完成的，于是我想告诉大家，告诉我的青年同行，用创造的眼光看待教师这一行，天更高，地更阔，你会觉得：太阳，每天都是新的。

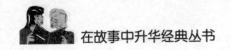
新的"知识无用论"

◇ 赵宪宇

关于"知识无用论",几十年来有几次很明显的表现。我在这里要说的是另一种的"无用论"思想。

课程改革了,强调的是什么?是人文关怀,是以人为本,是人本意识。新的课程改革纲要讲得也很清楚,就是要把教育从原来的只重视知识转到既重视知识又重视能力上来,既重视学习更要重视体验和实践。因此,提出了"三维"目标,那就是知识和能力、过程和方法、情感态度和价值观。很多人对这三者的关系闹不明白,在实施中也出现了偏差。有的人还煞有介事地把这三者按照时间和逻辑进行排序。实际上,这三个方面不是一个分类标准,中间有很明显的交叉和重叠。之所以叫做"三维"目标,就是三个维度和三个角度。

但我们现在理解的是偏取一点了。就像我们的语文教学,以前强调了工具性,现在强调了工具性和人文性的统一,但许多教师却把传统的工具性给扔掉了,只讲人文性。现在也是这样,说强调情感态度和价值观,就扔掉了知识。完全是情感和态度的问题,知识要么是被忽略了,要么是根本没有在教材中有所体现,尤其是文科教学。有的小学生在毕业测试中,居然只得了几分,还有的学校发誓要让学生平均在 10 分以上。这样的考试,即使全是知识性的内容,也是令人吃惊的,何况测试的内容有许多是非知识性的呢?

以前我们说语文课上成了政治思想课;现在呢,有的课上成了心理辅导课、感情熏陶课,当然也还有上成思想品德课的,就是没有上成正宗的语文课。

知识从来没有像现在这样在有的教师眼里被轻视。从课堂的形式就可以略见一斑,教室里讨论,然后学生起来回答问题,有几个问题是思维的推演和碰撞呢？好像都是表什么决心，发表一下什么态度。知识是基础，是一切"学会"的基础。我们前几年已经在创新的大潮下，尝到了"无知"创新的苦涩。我们曾经一味地追求创新，结果学生连起码的知识储备都没有，这还能搞什么创新。就连学生在作文中表现出来的创新也是令人啼笑皆非的。

要写一篇什么科幻的作文，连一点有关的科学知识都不具备，写出来的都是笑料和笑话。要写30年以后的"我"，结果还是在烧着煤球，早晨还是闹钟把"我"吵醒。即使到那时还真的是这样，作文也不能这样写。还有的写自己坐着火箭在太空游玩，并要把所有的星球玩遍。没有想象力，没有想象的美感，没有想象的道德，更没有起码的知识性和科学性。

如果我们也像有的专家所说的要向外国学习，放弃基础知识的教育，那么我们培养出来的可能就是大量的空想的科学家、空洞的思想家和空虚的情感拥有者。况且，许多所谓的不重视基础知识的国家，也已经开始借鉴我们的做法，而我们为什么却要丢弃。

新的"知识无用论"和以前的几次都有所不同。以前的几次都是由外界的影响和干扰造成的，这次好像更多地来自教育的内部，尤其是教师本身。所以，轻视知识的问题更应该值得我们来关注。

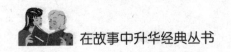

当前教育正遭遇几多无奈

——教育问题调查之"教育八记"

◇ 张明坤

目前，我国社会既面临着"黄金发展期"，又适逢"矛盾凸显期"。同样，在教育改革发展步入"深水区"的今天，各种社会矛盾凸显，许多与社会发展不相和谐的教育问题也逐步暴露出来。当前教育发展正面临着太多太多的无奈。

无奈之一：素质教育畸形发展

素质教育被扭曲，这是一个让人痛心的问题。从上世纪 90 年代初我们正式提出素质教育，到《中共中央国务院关于深化教育改革全面推进素质教育的决定》发布，再到今天的新课程改革，素质教育"风光"十几年了，然而在实施中走了样，这究竟是谁之过？当然原因是多方面的，但我们完全可以说是社会、学校、家庭三方合力助长了应试教育的嚣张气焰。

当然，造成素质教育畸形发展的根源在于社会。穷国办大教育的社会现实，教育经费投入不足，教师队伍建设的滞后，传统的社会价值取向发生扭曲，学而优则仕的社会风气横行，高等教育的供需矛盾，社会就业机制、保障制度的不完善等等社会历中问题、体制问题是导致这种局面形成的直接或间接因素。

学校本应是实施素质教育的主战场，各级教育部门领导是实施素质教育的积极倡导者和引导者，广大教师则是推行素质教育的中坚，然而事实恰恰相反。在疯狂的应试大潮中，他们非但不肯做抵制阵营的中流砥柱，反而推波助澜。诚然，处于社会和家庭夹缝中的学校，面临着来自各方的巨大压力。这是由于目前分数仍是高中、大学录取的重要依据，家庭和社会评价学校和教师也主要看升学率。从本质上讲，素质教育并不反对升学率。一所学校也不能没有升学率，这是办学质量的一个指标，重点中学亦然，甚至重点中学还应有更高的升学率。问题在于，我们究竟应追求什么样的升学率，也就是靠什么来实现高升学率。

让我们来看看各县最好的中学（县中）是如何做的吧！据记者调查（《中国教育报》2005年6月21日），在许多县中，学生三四个星期不能放假回家一次。学生每天有16个小时的时间被规定在课程表上。山东某县中一名高三学生向记者介绍他一天的时间表：早晨5：30起床，上早操，6：00早读，7：00吃饭，7：40上第一节课，上午4节课，中午一个半小时休息，下午又上4节课，晚饭后再上3节自习课，22：00回宿舍。苏北某县中用一天只有"4个40分钟"来说明学生作息时间的紧张：早上起床吃饭、吃午饭和晚饭、睡觉前的准备各40分钟，除此之外，就是睡觉和学习。县中的学生苦，县中的老师也不轻松，有人用"两眼一睁，忙到熄灯"来概括老师一天的作息时间。一位县中的校长坦言，我们就是要胸怀素质教育目标，走应试教育之路。有的校长认为，现在就是"高考考知识，社会考能力，先让学生上了大学再说吧"。

有人认为，县中的高考升学率如此之高，很大程度上是牺牲学生的休息时间、大打时间战、在题海中死拼的结果，更有人尖刻地将县中称为扼杀学生全面发展的"文明的监狱"。在应试教育的重压下，多数学生选择的是默默忍受，而一些不堪重负的孩子却走向了可怕的极端。

西宁每年有近400个出走孩子在车站被拦回。他们不上学，宁可去流浪。这是今年6月1日《中国青年报》上的消息。其实不仅在西宁，孩子动辄出走已成为全国性的教育难题。据报道，4月13至19日，湖北荆州市江陵区和沙市区各两所中学先后有31名学生出走或逃学。省教育厅派出专题调查组，调查组分析后认为，学生出走除了现行的招生制度、教育制度、传统理念等深层次的原因外，还有一个直接的"导火索"，那就是"不科学的教育方式导致学生心理负担重，最终厌学，逃学"。（《中国教育报》2005年6月10日）在学生丁兵写给父母的两页留言中，有这样一句话："爸爸妈妈，我对不起你们，没有好好读书，辜负了你们对我的期望……"他说："每天有永远做不完的作业，天天就是读书、考试，令人厌倦。"

在素质教育艰难崎岖的发展道路上，家庭及家长又扮演一种什么样的角色呢？中国少儿教育研究专家徐国静认为，造成孩子压力大、应试教育横行的次要责任者是学校，主要责任者是家长。那些太要强的母亲，在家庭教育中承担着"讨债者"、"追打者"和"鞭打者"的角色，表现出明显的"五怕"焦虑症状：一怕孩子闲着，把孩子的时间占满了心里才踏实；二怕孩子玩耍，一天到晚都想攥在自己手心里；三怕孩子出错，盯着孩子的错误，放大孩子的错误；四怕孩子吃亏，教孩子一些错误的、成人化的人际交往方法；五怕孩子失败，把考试名次像"金箍"一样戴在孩子的头上。这样的家长在孩子们心目中的形象也就可想而知了。据《人民日报》5月9日报道，前不久在武汉举行的"楚才杯"作文竞赛中，五年级组的题目是"给我一点时间"，4200多名考生有近3000名借写作文之机，讲述了自己被妈妈逼着赶场培训，参加奥赛、练琴、学画，做着永远也做不完的练习题的"悲惨遭遇"。在这些孩子的笔下，妈妈是"如来佛"、"母老虎"、"河东狮"。

对孩子期望值高是家长的普遍心态。在我们身边，"填龙"、"逼女成凤"的事屡见不鲜。然而，这种忽视孩子天分的"填鸭"式教育、强迫式教育，常常会遏制孩子的成长空间，扼杀孩子的想象力和创造力。我们当然应该重视孩子的学业，然而孩子成绩突出，但未必快乐；孩子学历很高，却未必成才。家长当然要对孩子进行教育和引导，但不能无视孩子的兴趣和爱好，更不能粗暴干涉孩子正确地选择的权利。

畸形发展的教育，播下的必定是可怕的种子。对于徐力弑母、刘海洋伤熊、马加爵残忍地杀死四名同学等等如此残暴的事件，教育能脱得了干系吗？近年来，大学生自杀事件也是接连不断。4月23日下午，北京大学中文系一名大二女生跳楼身亡。5月7日，北大又有一名男生跳楼自杀。去年2月至7月短短半年时间，仅武汉高校就发生自杀事件12起，10人死亡。今年高考成绩揭晓后，某省有两名被二本、二专录取的考生痛苦地选择了自杀，只因为没有能考上重点大学就自认为没有了前途，没有了未来。日前，央视《新闻调查》栏目播发的"神童"魏永康独特的成长经历，更令人惋惜。魏永康13岁以高分考上重点大学，17岁考上中国科学院的硕博连读，19岁时，因生活自理能力太差、知识结构不适应中科院的研究模式被退学。魏的成长悲剧，给我们的教育再次敲响警钟：畸形教育当休矣！

无奈之二：教育发展失衡

（1）东西部教育"贫富悬殊"。以东西部生均预算内教育事业费一项的差距为例，小学教育从 1996 年的 3.5 倍扩大到 2002 年的 3.85 倍，普通初中教育从 1966 年的 3 倍扩大到 2002 年的 3.29 倍，高中教育从 1996 年的 3 倍扩大到 2002 年的 3.92 倍。以内蒙古自治区为例，在自治区副主席边辑调研的 17 所学校中，有近 70% 的学校生均公用经费"零拨付"，许多学校还背负"两基"欠债。（《中国教育报》2005 年 6 月 8 日）公用经费短缺和"两基"欠债，成了目前一些中小学办学的"致命困难"，有的学校只能勉强维持，不能向前发展，一些学校还面临着运行不下去的危险。

另据有关统计数据，2004 年我国高等教育平均毛入学率已达 19%，然而比较东西部地区，却有着极大的差距，如上海已达 55%，北京达 52%，江苏达 29%，浙江达 25%，广东达 20%，而中西部省份却还在 10% 左右徘徊。以湖北为例，近 20 年来，清华、北大在鄂每校每年招生人数不足百人，而北京每校每年招生不低于 500 人，两校湖北录取总数仅为北京考生录取数的 1/5；而湖北总人口是 7500 万，北京为 1500 万，是北京的 5 倍。这意味着，湖北考生考上清华、北大等名校的机会，仅为北京考生的 1/25，结果导致湖北省考生上清华、北大的平均分数，比北京市高得多，不同地区高考分数差异巨大，历来引起人们强烈质疑，因此而引发的"高考移民"现象，也就成为必然。

（2）教育的城乡发展差异巨大。在教育公共政策上，我们长期采取"城市中心"的取向，近年来全国预算内教育经费约 60% 用于义务教育，其中投入农村教育的只有 35% 左右。其结果是：有的城市学校宽带插口装到了每张课桌，有的农村学校孩子还得沙地当纸树枝为笔；有的城市学校铺着塑胶跑道的运动场不止一个，有的农村学校却连一个可供学生玩的篮球也拿不出；有的城市学校投资动辄数亿元，有的农村学校连粉笔也得一根根地数着用。被央视评为 2004 年"感动中国"十大人物之一的徐本禹使我们了解到，在他所支教的贵州山区竟然还有这么一个不通公路没有水、没有电、寄信要走 18 公里山路的地方，那里的教育状况差得简直令人难以想象。教育的城乡发展差距悬殊，也造成了许多教师纷纷"孔雀东南飞"。据江苏省人大常委会委员白雪的一项调研结果，某市五年来累计流失 1000 多名教师，其下辖的一个

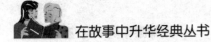

县，3 年内先后流走了 500 多名教师。

（3）公共教育经费投入的比例不平衡。最突出的表现就是与经济发展速度不平衡。从 1997 年到 2003 年，教育经费支出年均增长为近 0.13%，2003 年还比 2002 年负增长 0.04%，距离 2007 年达 4% 的目标还有很大差距。以江苏省为例，2003 年教育经费投入仅占 GDP 的 1.89%。东部发达省份，教育经费投入占省级 GDP 大多也仅在 2% 左右。我们不得不面对这一沉重的现实：国家经济以年平均 8%、某些省份甚至以 15% 的速度在增长，但不少地方的中小学校却惨淡经营，运转困难。"三个增长"的要求只停留在《教育法》的文件上，投入不足成了制约一些省份尤其是西部省份基础教育发展的最大瓶颈。

其次，公共教育经费投入的比例不平衡，还突出表现在区域之间的不平衡。国家教育投入主要集中在发达地区和中心期城市，对中西部和农村地区投入甚少。以 2001 年为例，我国农村小学生均预算公用经费为城市平均水平的 29%，初中为 31%。即便是在同一地区，对重点校和非重点校的投入也是相差悬殊。特别是一些领导干部喜好锦上添花，善于搞教育的"政绩工程"，这又人为地制造了太多的教育不公平，一些地方甚至还出现了倾全县人力来打造一两所重点校的现象。

此外，公共教育经费投入的比例不平衡，还表现在基础教育、高等教育、职业教育间的不平衡。高等教育投入最多。基础教育次之，职业教育最少。当前，我国学前与初等教育、中等教育和高等教育的生均日常教育经费占人均国民生产总值的百分比分别为 6%、12%、67%；而韩国这一数据分别是 17%、13%、6%，日本为 17%、19%、14%。而根据对发展中国家各阶段的教育回报率研究，大学教育社会回报率要远低于小学和普通中学。现在动辄为扶持一所大学而牺牲上百上千所中小学的做法，看似风光，其实是重心倒置。

（4）教育的群体差距凸显。强势群体占有优质教育资源的现象有加剧的趋势。在重点中学，干部、知识分子和高收入家庭子女占学生总数的 70% 以上，在高等教育阶段亦有明显表现。一项涉及 37 所高校、7 万名学生的调查表明，农民子女的比例随着院校层次的升高而降低。弱势群体相对来说接受优质教育资源的机会则比较少，如农村的女童，城市的外来民工子女，特殊教育系统的残疾、弱智人群等，他们在接受教育上明显处于不利地位。

（5）教育内部结构不合理，发展不平衡。如普通教育和职业教育、公立教育和民办教育、正规教育和非正规教育的发展不够协调，各类教育间比例不合理；在教育目标上，表现出重成才轻成人的不平衡；在学科领域，表现出文科与理科发展的不平衡，重视理科轻视文科的现象突出而普遍。

智利诗人加布里拉·米斯特有一句名言："我们所需要的很多东西可以等待，但孩子所需要的东西不能等待。他的骨骼正在成型，他的血液正在生成，他的心灵正在发展。我们不能对他说明天，他的名字就叫今天。"今天，缩小教育差距，消除教育贫困，让每个孩子享有公平的教育，已成为一个摆在我们面前的严峻问题。

无奈之三：大学生就业之路其修远兮

先让我们来看看严峻的就业现实。至 2004 年底，全国普通高校应届毕业生总体就业率达 84%，实现就业人数 235 万，还有近 50 万应届毕业生没有落实就业单位。而 2005 年，全国普通高校毕业生人数将达到 338 万，按教育部要求，今年高校毕业生就业率要达到 73% 以上，这意味着将有近百万大学生找不到工作。以河南省为例，河南省 GDP 每增长一个百分点只能提供 8 万个就业岗位，2005 年经济增长预期目标为 13%，能提供 104 万个就业岗位，而河南全省实际需要安排就业人数达 200 万人，就业需求缺口在 100 万左右。

说起大学生就业难，只有那些亲历求职的大学生才最有体会，最有发言权。让我们来听听一位北京某语言类大学的应届本科毕业生的自述："就业形势很严峻我是知道的，但上学期间，我根本没有想到会严峻到现在这种程度。不亲身经历过，认识总是很肤浅的，感受不深，只有经历了才能知道个中滋味，感觉自己是被突然抛到社会上来的。我好像是被剪开的茧子，还没准备好，其实也可以说是压根没怎么准备，就被从茧子中倒了出来，跌跌撞撞地走向职场，翅膀根本还不能飞。"（《中国教育报》2005 年 6 月 19 日）

就业是一种双向选择，一边是怀揣梦想的毕业生们千折百回地寻觅适合自己的一方天空，一边却是目光灼灼的企业主管的苛刻要求。作为用工单位的企业又常常为大学毕业生设置许多难以逾越的就业门槛，这在一定程度上更加大了大学生的就业难度。

其一，实际工作经验成了应届毕业生的"不能承受之重"。据某媒体报道，安徽省5所公办高校近日对即将毕业的近千名大学生作了问卷调查，结果显示：68.9%的大学生认为，自己在求职过程中最缺乏的是实际工作经验。招聘会上最常见的字眼就是"具有×年以上工作经验者优先"。通过与这些单位的招聘人员交谈才明白：实际工作经验不是"优先"而是"必须"。但是大学生刚毕业哪来工作经验？谁又能为在校学生提供积累工作经验的机会呢？

其二，性别歧视。用工制度改革后，规范的用人竞争机制尚未形成，一些企业肆意提高女性就业门槛：把招工变成了"选美"；避开生育期使用女职工的"黄金年龄"段；减员中女性首当其冲，且年龄提前于男性等。在各类招聘会上，我们经常会看到"某某岗位只限男性"、"男性优先录用"等明显带有性别歧视的条件。劳动和社会保障部对62个定点城市的调查结果显示，有67%的用人单位提出了性别限制，或明文规定女性在聘用期不得怀孕生育。另据国内一所大学对2005届研究生进行的一次调查，超过七成的被调查对象认为，在同等条件下，招聘单位会优先考虑男生。这表明，女大学生就业形势更加严峻。全国人大代表周丽珍说："一些女性从来没有意识到自己与男性有什么不同，只有到了求职的时候才真正体会到对女性的歧视。"为了解决女大学生就业的难题，今年4月，山东在济南人才市场还专门举行了首届女大学生专场招聘会，可谓是用心良苦。性别歧视造成在许多领域女性就业比男性更加困难。另外，就业市场上存在的种种歧视问题还有户籍歧视、学历歧视、身高歧视、相貌歧视等。

大学生就业难，原因是多方面的。不少高校盲目扩招，在办学理念与人才培养模式方面盲目求大、求全，造成了毕业生和社会需求的错位、教育结构不合理、人才培养模式和培养目标单一，这就必然造成有些专业的学生大量过剩，而现实急需的创新型人才和技能型人才却十分稀缺。这种结构性矛盾，已成为导致大学生就业难的重要原因。一方面，迅速发展的中国需要大量大学生，而另一方面，大学毕业生却就业困难；一方面，许多大学生毕业后在大中城市找不到"心仪"的单位，而另一方面，基层（特别是西部地区、艰苦边远地区和艰苦行业以及广大农村）还存在人才匮乏的状况。

近日，中共中央办公厅、国务院办公厅印发了《关于引导和鼓励高校毕业生面向基层就业的意见》，党和国家向我们的莘莘学子发出了深切的召唤：

广大高校毕业生要树立正确的世界观、人生观和价值观，树立行行建功、处处立业的择业观，勇于到基层去，到西部去，到祖国最需要的地方去，磨炼意志，增长才干，把自己的青春和智慧奉献给全面建设小康社会的伟大事业。

无奈之四：教育腐败借招生之机滋长

近年来，各地都有学校因招生问题而被查处的实例，教育已成为继建筑、交通、金融等经济实权部门之后又一个不容小觑的腐败高发领域。

2004年8月，广西一位考生高分被北京航空航天大学录取，然而却被要求先交10万元钱，否则就拿不到录取通知书，结果惹得北航校长向社会公开道歉。无独有偶，中央电视台《焦点访谈》栏目和其他一些新闻媒体又对兰州理工大学录取内蒙古考生苗立新过程中的错误做法进行了报道。再接着曝光了西安某音乐学院要求考生先交几万赞助费才能领录取通知书的丑闻。最近发生在北方交大教授与考生之间"性题"事件更是开创招生腐败之先河。（《人民日报》2005年7月5日）高考招生中也有偶然出点"小"失误的，比如今年高考海南省由于统计失误，6月24日晚公布的高考成绩有错。海南省考试局无奈于6月25日下午重新公布了更正后的高考成绩，并公开致歉。

名大学如此，一些重点大学和初、高中在招生中也是问题多多。近年来，由于教育发展的不均衡、优质教育资源的稀缺和"望子成龙"的家庭教育观念，择校正在蔓延成风，愈演愈烈。据《中国教育报》5月31日报道，电脑派位在上海、北京早已经异化变质了：上海"小升初"择校战依旧激烈，为读名校，不少家长斥资百万上演"新孟母择邻"——先买房再迁户口；北京市今年开春以来，"小升初"竞拼骤然升温。另据《人民日报》5月24日报道，记者调查得知，沈阳一名校公开的"黑市价"为6万元，专门有人凭着关系靠介绍择校发财。一家长说："出点赞助能进去已经很不错了，就怕有钱没地方要。""要想孩子上重点，先交几万赞助款"，"择校费，择校费，含着家长多少泪"……这些社会谚语道出了家长们内心的酸楚。择校风的结果，使得本就稀缺的优质教育资源出现了向权力、金钱倾斜的趋势。像今年河北省东光县办学条件最好的实验小学竟将今年的招生对象确定为"县城内党政机关、事业单位在编干部子女"，并且下发了红头文件，引得舆论一片哗然。

择校风最大的受害者就是那些"普通"的家庭及其孩子了，同时，那些

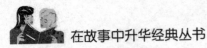

普通学校也深受其害。下面再让我们看看那些普通学校为了生存是如何来参与生源大战的吧。

据《中国教育报》2004年8月3日报道，部分地区中招抢生源已达白热化，招生秩序比较混乱：职校招生，教师所得提成从100元到800元不等；普通高中为抢生源，有优惠加分的，有免交学费生活费的，有提供单间住宿或手提电脑的，甚至有给其父母安排工作的……新一年的普通高中招生在各地陆续开始，新一轮的"招生大战"也在如火如荼地进行着。由于学生报考往往受班主任和任课老师影响，所以为抢到好的生源，有的高中学校便派遣老师赴各初中学校做工作。为了让初中班主任们将好学生介绍到自己的学校，有的高中招生工作人员便请初中班主任吃饭、娱乐，有时还不止一次，招生后还要给初中班主任一些"感谢费"。与此相应，一些初中的班主任利用自己对学生的影响引导学生报考某校，甚至强制学生报考某校。有的初中教师甚至不惜弄虚作假，欺骗学生和家长。有的学校之间、教师之间因为招生产生矛盾，破坏了正常的招生秩序，影响了教学工作。这期间，再加上某些没有办学资质的假学校从中作怪，直搅得招生秩序一片天昏地暗，只是苦煞了可怜的学生和家长。学校从抓管理、抓质量走到用钱挖学生的歪路上，这是教育界的悲哀。据3月19日《今晚报》报道，湖南邵东县的一所民办中学，为了让一个有望考上北大、清华的复读生到自己的学校读书，开出的优惠条件令人惊讶：免除杂费、住校费，安排专门住宿，再资助5万元。

无奈之五：高考舞弊几时休

据了解，2004年全国共处理高考违规工作人员110人，其中11人被处有期徒刑，13人被开除公职或辞退，9人被撤销党内职务。今年高考情况又如何？让我们来看看有关今年高考问题的报道吧。

（1）6月8日，贵州省纳雍县惊爆一起有预谋、有组织的高考团伙作弊案，涉案人员多达18人，涉及8名高考学生和6名教师。18个人组成了一个"抄题—送题—解题—用手机传递答案—接收答案"这样一个完整的作弊链。如果不是考生左志斌在考前误把手机调到振铃声，他们会最终得逞。（《人民日报》6月27日）

（2）山东费县一考生事先准备相应的拍照设备，由作弊考生将针孔摄像头带入考场，将试卷传出考场外，由考场外的团伙成员快速答题，再通过窃听设备传入考场给作弊考生。这和2004年高考河南濮阳舞弊案惊人地相似，所不同的只是作弊手段更先进些，由针孔摄像头取代了数码相机。（《大众日报》6月9日）

（3）今年高考山东省查出203名违规违纪考生。（山东电视台）

（4）福建61人高考违纪舞弊，新疆60名高考生因违纪被取消成绩，并且高考首日还发现跨省"枪手"。（《人民日报》6月13日）

（5）哈尔滨18名考生因带手机进考场，用手机收集信息被取消成绩。（《人民日报》6月22日）

（6）海南查处45名违纪作弊高考生。海南省还对"民族生"、"三侨生"和其他享受政策照顾的考生的资格进行了全面复查。经查在2453名申报"民族生"的考生中，共清查出有71名作假；在554名申报"三侨生"的考生中，取消了109人的"三侨生"资格。（《中国教育报》6月29日）

以上报道可谓触目惊心，其实近几年高考都有违纪案发生，相信大家对前几年的湖南嘉禾集体舞弊案、广东电白事件、湖南隆回一中推荐保送生上大学的黑幕还记忆犹新吧！虽说舞弊造假之风古已有之，但于今尤甚，并且作弊花样不断翻新，舞弊手段的现代化程度越来越高；虽说这些案子都被迅速侦破，得到处理，但人们也不能不在心里打个问号：这高考作弊行为，怎么就屡禁不止呢？

一边是高考作弊，另一边则是在忙于构筑防线。针对种种作弊新动向，国家出台了《国家教育考试违规处理办法》，教育部规定诚信记录今年将首次列入考生电子档案，并与高校录取挂钩。各省也都启用了高科技防作弊"武器"。如山东省已全部实现电子监控，对考试全过程实施全方位监控和即时录像；山西省有20多个县的考场安装了电子监视器和手机屏蔽系统，并且开考一小时后考生方可离考场，但要在考点规定的休息地点接受集中管理，直到考试终了信号发出后，方可解除集中管理；河南今年全省2.5万个考场首次启用金属探测器等。严防作弊，古往今来都是一个难题。特别是在高技术条件下，作弊与防作弊更是一场较量。

《中国青年报》发表文章反思高考舞弊的危害。文章说，这样的最后承担者还是孩子——在纵容下作弊的学生也许会被罚，一些孩子面临重考的可能，同一地区的好学生可能因不公竞争而与该去的学校失之交臂，靠舞弊勉强入学的"幸运儿"在求学途中会走得非常吃力而自卑——当然，他也可能一直以作弊来解决难题，只是这样的"成功"更为可怕。在它的背后，是年轻一代人生信念和世界观的日渐扭曲，意味着国家与民族更为严唆的灾难。可怕的高考腐败，我们必须加以严惩！

无奈之六：教育乱收费

国家发展和改革委员会今年3月18日公布了2004年全国格举报的四大热点，教育乱收费问题居首位。先让我们从以下则报道来感受一下教育乱收费问题的猖獗：

（1）山西省去年查处教育乱收费3453万元，将15名乱收费校长撤职，教育机构还通报批评123人，行政警告81人。（《中国教育报》2005年4月3日）

（2）2004年上半年河北省共查处教育乱收费案件371件，77名乱收费责任人受到处理。（《济宁日报》2004年9月4日）

（3）2004年云南省治理教育乱收费检查组，清退违规资金38万元，查处涉及乱收费案件8件，通报批评4人，给予党纪政纪处分4人。（《中国教育报》2004年11月2日）

（4）河南省今年上半年共查处违规教育乱收费案件25起。给予党纪政纪处分59人，组织处理17人，三个县（市、区）长受到党纪政纪和纪律处理。（《中国教育报》2005年4月30日）

（5）新华社石家庄7月9日电，石家庄市第三十八中学校长因违规收费45.42万元被发现并被免除校长职务。（《济宁日报》2005年7月10日）

（6）湖南省查处力度更大，据报道，2004年全省共查处教育乱收费问题733个，共有409人因此受到党纪政纪处分和组织处理。

（7）6月28日，审计署审计长李金华在十届全国人大常委会第十六次会议上披露的消息更是令人震惊，专项审计发现，18所中央部属高校违规收取的各类费用也有未经批准的进修费、MBA学费，国家明令禁止的费用，自行设立的辅修费、旁听费等高达8.68亿元。审计还披露了一些学校在招生入学这一环节中违规和不规范收费的现象很严重，超标准、超范围收取的学费、住宿费，以及强制收取的服务性、代办性费用达八九千万元。

现实中各种乱收费现象普遍存在，主要分为以下几类：一类是强制性乱收费。有的学校自立项目收取考试费、补考费、重修费、转专业费、专升本费、报刊费、注册费、建档费、建校费、管道费、桌凳费等名目繁多的费用，超标准收取杂费、住宿费，一些重点中小学继续收取与入学挂钩的赞助费等。如媒体披露的河南省某县一小学在收费上除了按规定的"一费制"标准收费外，还要求新生报名时交10元报名费、400~1000元的"自愿捐款助学费"、60元豆奶费、130元借读费，以及上机费、资料费等，一位家长一共交了680元，结果拿到的竟是182元的学校收费票据。这位家长说，五花八门的乱收费没完没了，这算什么"一费制"？再如重庆市巴南区和武汉市新区的一些学校，收了杂费之后，再收考试费，还有每学期110元甚至更多的课外教育活动费。（《人民日报》2005年5月31日）有的教育主管部门，借组织考试之机攫取钱财，花样百出，除了期中考试、期末考试，初三还要再加上第一次摸底、再摸底、三摸底，期间还有市里毕业考试，最后还有中考，如果再算上信息技术考试、理化生实验操作考试、体育测试，一学期考试竟达十余次，这还不算本校自己组织的考试。再比如"小升初"，某地刚组织完小学六年级毕业考试，仅隔两天，竟然再组织一次考试，还美其名曰"初一新生摸底考试"。

另一类是强迫"自愿性"乱收费。主要是对于教辅、军训、校服、作业、保险、观看电影、疫苗注射、体检等这样一些项目的代收费和服务性收费。这类收费本应坚持学生自愿原则，可学校为什么这么热衷于强行代收、强行服务呢？原因不言而喻，这里面有"猫腻"。比如武汉市新洲区集体购买教辅材料《学王》被曝光，该书竟是盗版书，质量差，纸质粗糙，字迹模糊，有的地方还印错。（《人民日报》2005年5月31日）有的地方教育主管部门和新华书店相互串通，大肆推销教辅资料，下发的收费通知单上的教辅费竟远远超过了书费，有的年级的教辅费竟超过书费一倍还多。再比如统一订购作业本问题，《文摘报》5月8日报道，记者采访重庆市一些小学，发现许多作业本纸张很薄很软，并且页数参差不齐。市场调查还发现，一名小学三年级学生一学期需购买11元左右的作业本，而同等数量的作业本厂家批发价最多为7元。因此，尽管每名小学生的作业本费并不算多，但乘以数量众多的小学生人数，作业本费和厂家成本之间就存在一个惊人的暴利空间。教材回扣已不再是什么秘密了。据《山东工人报》4月12日报道，成都近期侦破并公开审理的"高校图书腐败系列案"中。涉案人员在法庭上抖出的情况更令人震惊：正版图书回扣的比例不低于15%，盗版图书回扣可拿到30%。对此，一位法官算了一笔账：如按涉案被告人交代，即使按最低回扣15%计算，学校在每位大学生身上也可"吃"到300多元钱。全国有数百万大学生，涉及的金额将是一个天文数字。在近日闹得沸沸扬扬的安徽泗县疫苗事件中，学校便参与了牟取私利。为了每个学生1元的提成这一点点蝇头小利，学校竟然无视法律法规，擅自与防保所签订协议。更有甚者，有的教育部门领导已彻底沦为"红顶商人"，他们或直接经商，或委托家属、亲戚经商，或干脆和不法商贩相互勾结，打着向学生提供服务的幌子，行的却是牟取不当利益的勾当，苦的却是那些孩子们和无辜的家长。还有一类是教育"软收费"。时下，家长为学校"作贡献"司空见惯，从复印试卷、冲洗照片到郊游派车、节日聚餐……五花八门。《羊城晚报》3月2日报道，调查发现为学校作过"贡献"的家长不在少数，牵涉的金额小到几元，大到上万元。全国政协委员、暨南大学文学院院长陈伟明直斥这类行为就是"软收费"，这些所谓的家长"自愿贡献"，其实就是学校变相向家长索取财物。这种学校利用对学生的优势地位收取各种"赞助"的行为，就是一些机构或个人利用自己的优势地位形成的权威，以"自愿"的名义寻求利益最大化。

五花八门的乱收费使学生和家长成了待宰羔羊，而这些教育机构则沦为了无利不起早的"商业组织"。不久前，一位教育界前辈说笑话，称教育以后可能划归工商局管，讽刺意味颇浓。其实，一个家庭无论多么省吃俭用，在教育方面还是"舍得花钱"的，而一些学校正是恶意利用了人们的这种心理。很多时候，人们并不清楚哪些收费是违规的，或者因为担心与学校争执一番反而害了自己，不得不忍气吞声。这就增加了教育领域治理乱收费的难度。

乱收费的背后必然存在乱支出现象。如果说，这些多收的钱真正是用于教学了，倒也算有点道理。其实不然，多收的钱甚至包括正常收的费用，很多流向了两个地方：一是内耗严重，有的领导大肆挥霍浪费，乱支乱花，游山玩水，光车子、嘴巴等公务消费造成的浪费就十分惊人，甚至有的不惜举债消费，造成了不少债务黑洞。另外一部分资金却流入了个人的腰包，很多学校预算内经费管理制度不规范、不完善，预算资金管理失控，经费收支使用不透明，缺乏必要的内外监督机制，致使资金大量外流。这种状况对于那些本就十分贫弱的农村教育而言更是雪上加霜。

何时才能让家长明明白白交费，学校规规矩矩收费？

无奈之七：学术浮躁

论文本是一种科研成果，应是一种创造的积累，它的作用是现所未现，启人心智，但现在的论文写作、发表多半不是为这。为什么？为升职，为晋级，为拿科研津贴。因此，现在的论文已成了获得功名的敲门砖，成了领取利禄的"牡丹卡"。论文一旦和功名利禄结成亲家，那论文的实际意义就荡然无存了。以在校大学生为例，论文剽窃现象在一些学生中间较为普遍，可谓"天下文章大家抄"有的学生一写论文就到图书馆泡一天，七拼八凑地"借鉴"一番，一篇文章就大功告成。学生为拿到毕业证书而去假造论文，教师东拼西凑则是为了早日晋升职称。在这方面，原北京大学博士生导师王铭铭更是开创学术造假的先河。他在自己1998年出版的《想象的异邦》一书中，几乎一字不漏地抄袭了自己1987年参与翻译的美国人类学家哈维兰的《当代人类学》一书内容达10万字之多，后果当然可想而知。作为中国最高学府的一名原本风华正茂、前途无量的博士生导师，竟落得了一个身败名裂的下场。

随着互联网时代的来临，学术腐败的手段也不断变换，走进了"电子商务"。一段时间以来，见利忘义者利用一些人急需毕业论文或职称论文的心理，通过网络等传播途径，四处兜售论文。他们组织高校在校生等充当写论文的"枪手"，并与一些学术期刊建立联系，形成了论文代写、代发的利益链条。一些期刊杂志也是闻学术腐败之风而动，有的竟在征文启事中"明码标价"，结果致使一大批质量不高的文字垃圾堆积如山，论文黑市俨然成了我国学术腐败的一个缩影。其实，论文黑市是"标"，学术异化才是"本"，它反映了当前教育的一种"浮躁症"，显示了一些做学问者的浮躁心态。而上海交大讲师晏才宏生前深得学生欢迎，死后深受世人敬仰，却因从未发过一篇"像样的学术论文"而长期"屈就"讲师一职，直至病逝。在当代整个社会，尤其是学术界处于十分浮躁的大气候下，他不为那可能会获取"五斗米"财富的所谓高级职称去做那些所谓的研究，从而失去了评定高级职称的机会，这种不为世俗所左右、不为名利所束缚的高风亮节尤其显得难能可贵。

如今这种浮躁之风日益泛滥，表现形式多多。目前在中小学开展的各种公开课、优质课评选已经逐渐变了味，成了一种赤裸裸的"表演"、教育科研也概莫能外。进入某所学校，你就会看到通过某项教育科研课题验收的奖状挂满校长室的墙壁，鲜红的各种证书也是一摞摞。但真正能够对教学具有指导作用的寥寥无几。据了解，不少的教育科研项目往往是开题、结题有人忙，中间基本无人管。结题时只要请科研部门吃顿饭，再准备些价格不菲的"纪念品"以示感激和敬重，就能验收通过。从此，课题被束之高阁，不再过问。

再比如文凭造假。据悉，从 2001 年 9 月成立至今，安徽省文凭验证中心共受理 11858 份学历文凭验证，发现假学历 2736 份，国家不承认学历 468 份，两项占总数的 1/4 强。事实上，拿来验证的只是很少一部分，绝大多数假证书是不会来验的。就连生活中，人们的手机也会经常收到"办毕业证"的短信，在街头巷尾，"办证、办文凭"的小广告随处可见。

一位长期从事教育研究的人士指出，如果教育长时间地处在浮躁中，脱离实际，夸大、失真，将必然影响教育者的健康成长，必然影响整个教育体系的肌体健康，从而影响到民族的发展和未来。

无奈之八：网络成瘾

近年来，网络作为一把双刃剑，已经越来越显示出它的"魔力"。有时候它扮演正面的角色：校校通工程、校园网建设、数字化校园……有时它又上演一幕幕悲剧：学生混迹于网吧，沉溺于游戏……"像"17 岁少年沉迷于网络游戏，亲手杀死奶奶"、"小学生网吧里狂打游戏，还要提刀砍亲娘"、"沉迷网络游戏不能自拔，昔日学习尖子服毒身亡"等报道，直逼耳目，触目惊心！前几天，媒体又有报道，一名沉溺网络游戏虚拟世界的 13 岁男孩，选择一种特别造型告别了现实世界：站在天津市塘沽区海河外滩一栋 24 层高楼顶上，双臂平伸，双脚交叉成飞天姿势，纵身跃起，朝着东南方向的大海"飞"去，去追寻网络游戏中的那些英雄朋友——大第安、泰兰德、复仇天神以及守望者……重点中学、重点大学情况也好不到哪儿去。前不久，上海大学劝退了 81 名学习成绩不好、在几个学期内没有修完规定学分的大学生。据介绍，导致这 81 名大学生被集体劝退的主要原因之一，就是绝大部分学生沉迷于网络游戏而不能自拔。华中师大特聘教授、"青少年网络爱心大使"陶宏开说："你可能想不到，武汉市向我求助的大学生90%来自武汉大学、华中科技大学、华中师范大学三大名校。一年前，我根本没想到这是一个社会问题。'全国行'的过程中，我才发现，每到一处作报告，不仅全场爆满，还有许多家长泪流满面，跪在我面前；每次上火车，几乎都有家长一路追赶，一节一节车厢地找我。"一位悲愤而又无奈的母亲，曾蘸着泪水给有关部门写信，反映自己上初中的孩子整天沉迷网吧，大声疾呼"救救孩子"。"救救孩子"，这呼声谁听了心灵不为之震撼！

网络游戏对青少年的影响，越来越引起全社会的关注。据有关方面的统计，目前我国网络游戏用户为2000多万，其中90%为青少年，有260万是网络游戏成瘾少年，并且这个数字每年以50%的速度在增加。为什么网络游戏对青少年的吸引力这么大呢？原因是它给青少年创造了一个非常宽松的虚拟世界，在游戏中可随意杀人、放火、恋爱、结婚等，而不需承担任何后果。现实世界中，青少年的学习和谋生等压力越来越大，网络游戏成为宣泄压抑的地方。另一方面，这也暴露了当下教育的枯燥乏味，青少年由于厌恶和反感，因而选择逃避现实，投奔虚幻。一位倔强的高中生曾说："现实中没地方容得下我们，我们是被'逼'进网吧的。"网络游戏对青少年的危害，人们往往将其归因为社会、家庭和学校的教育乏力以及孩子自身缺乏必要的自制力等，但作为网络游戏公司，是不是也该对其扮演的角色有所反思？其实，网络游戏商最懂得其诱人的奥秘，一位业内人士就直言不讳地说："就怕你不来，来了你就跑不掉了。"具有近似鸦片效果的游戏对青少年学生的诱惑力太大了，网上充斥的淫秽、色情、赌博、暴力、凶杀、恐怖、迷信等信息蚕食了学生的稚嫩心灵。从网络成瘾的形成机制上来讲，网络沉溺者的自我觉悟和自我节制当然是一劳永逸的根本途径。然而从更具有可行性和操作性的角度来考虑，惟有从政策和体制上建立对网络游戏公司有效的约束机制，为网络游戏成瘾青少年的救助及治疗提供强有力的支援和保障，才是对症下药的良方。

目前，特别值得警惕的是，随着对黑网吧的查处和打击，一些无照违法经营的黑网吧有向农村转移的倾向，通过战略转移，把农村作为新的"生财之处"。

和谐并不意味着没有矛盾，破解教育发展中许许多多的无奈，需要有一种能够不断解决矛盾和化解冲突的机制。我国近年出台了许多政策，如针对高校家庭经济困难学生的"国家助学贷款"政策，针对教育乱收费的"一费制"政策，针对中西部地区义务教育阶段贫困生的"两免一补"政策，针对高考招生舞弊的"阳光工程"等等，我相信随着这一系列政策措施的出台和不断完善只要各级政府真正从践行"三个代表"重要思想的战略高度去认真贯彻落实，真正按照科学发展观和构建和谐社会的要求去积极对待，只要各社会团体在协调社会关系中充分发挥作用，只要第一个社会成员能够尽职尽责，全国上下团结一致，一个"民主法治、公平正义、诚信友爱、充满活力、安定有序、人与自然和谐相处、的社会"就必定会到来，一个教育与社会和谐发展的时代必将很快呈现在我们面前。

分数，我们为什么不能正视你

◇ **赵宪宇**

学生的分数，有许多人在批判。典型的说法有几个，一个孩子考了98分，回家告诉家长，家长仍然不满意。因为虽说还差两分没有满分，但在班级排名却是第11名了，还有一个事例是说，一个学生考了84分，另一个考了85分，结果一个是优良级，一个是良好级，等等。分数是教师和学生的"命根子"，究竟应该怎样对待呢？

现在有的地方进行了一些改革，说是让学生都能够高兴地改革。就是重考，反复考，直到学生满意为止。我们不知道具体操作的情况如何，但据说河南省郑州市进行的这种改革无人喝彩。教师嫌太麻烦，家长认为这只是一种带有欺骗性质的做法。就连受益者学生也不满意，因为重新考试，使自己并没有脸面。还听说一个做法，学生没有考到100分没有关系，题目发下去，继续让学生做，直到班里的所有学生都做到满分为止。诸如此类的一些做法，可以说都是煞费苦心，目的是要学生自己有信心，让每一个学生都得到满意的收获或者说是分数。且不说是否能达到目的，但就这样的分数观来说，确实是有悖于新理念的。因为改来改去，还是在围绕着分数转，确实难以逾越分数的鸿沟。一位著名的素质教育提倡者，却把自己的孩子放在应试教育搞得特别好的学校。还有一位到处搞讲座，主题就是新课程，然而不经意讲到自己孩子的时候露了馅。他说自己的女儿考试年级第一名，回来却说自己没有当上学习委员。他也愤愤不平地说，为什么让那个考试连前十名都进不了的学生当。听讲的人在下面笑了，他才发现自己的牢骚有点尴尬。想想前几年的几个教授和作家批评语文教学的时候，也是围绕着分数着手的，并且不惜拿自己开刀，说自己不能得上高分，而指责现在的教育。我们真不知道，他们是在责怪教育的弊端，还是分数的弊端。如果是分数的问题，那只能改变分数的呈现方式，或者改变试题的内容，或者改变考试的方法了。总之，

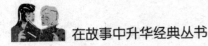

就是能让学生考得高分就行。这样的分数观能否真正修正教育的弊端呢？答案是否定的。

怎样考，怎样批改，只要是以分数形式来呈现，学生就会有高有低，就会有名次。如果是重考和反复考之类，学生不是一个同等的标准，他们自己也不信服。有的学校说为了照顾学生的自尊心，不公布分数。这是否可能呢？试卷总要发，总要讲评，学生之间总要交流。我们平常还要求学生要知己知彼，要取别人之长，不交流是不可能的。与其掩盖，不如公开，掩盖也掩盖不了。我们曾了解到一个情况，学校不公布分数，结果家长和学生都了解得更加清楚。我们有一个习惯，越是不公开的越是大家想知道的，而且还是都能够知道的。掩盖不是最好的方法，我们可以不有意地排名次、张榜公布分数，但让学生知道自己的学习成绩和在班级的排列，不是过分的事情。再说，我们的学生如果连这个心理承受力也没有，那我们的教育究竟做了些什么呢？现在有一个很怪的现象，就是学生成绩好了却要被批评。老师总是说，你不要翘尾巴，你还有很多的潜力没有挖出来，你和后边的距离拉得还不够大等等。成绩不好的学生，往往却是得到表扬。老师会说，虽说你考得不好，但下次你肯定可以超过前面的学生。真像是一个老娘舅。真不知道成绩好的学生和成绩不好的学生站在一起，老师将会怎样来表达。

分数在教育者的眼里非常重要，在家长和学生心中至高无上，可我们总是讳莫如深。大家在一起大谈素质，为什么对焦点性的问题——分数，却总是绕道走呢？我想，我们应该正视分数，因为要考试，就必须讲分数。我们应加强对分数的辩证观点，改变影响分数的人为因素。既然我们不能取消考试，我们就不能没有分数，正确对待才是重要的。学生要树立正确的分数观，未来是充满挑战的，接受学习的挑战不残酷，是学习的一种正常过程。我们的学生太脆弱了，仅靠思想教育，恐怕远远没有行为的教育真切和有效。

我们需要正确地对待分数，把分数所表现的差距和分数所展示的问题，寻找出来，才是正确的选择，当年朱自清、钱钟书和吴晗等人高考的时候，数学都是零分，想必他们平常也不会得上高分的，但这并没有影响他们成为巨擘。对分数的科学分析，可以帮我们找到自我的价值，找到自己的方向，否则，你好我好大家好，那不仅是不可能的，更是具有误导性质的。

谨防好心办了不好的事！

一个用脚做梦的老师

◇ **朱永新**

我对于春祥老师的基本印象：一个典型的山东大汉，一个"教育在线"的忠实网友，一个"新教育实验"的积极实践者。

认识他是在"教育在线"的网上。大概是在 2003 年的春天，他开始在"教育在线"发表文章，我感觉这是一个有思想的教师，更是一个有激情的教师。于是，我开始关注他的文字。从他的文章中我知道，他本来是新基础教育的积极倡导者，曾经带领临淄地区的老师轰轰烈烈地做新基础教育的实验。但是，到了"教育在线"以后，他又迷上了"新教育实验"。他曾经这样评价我们的"教育在线"：

网络我并不陌生，5 年的网络生涯，浏览的网站上百上千，但是，都没有给我极大的冲击。然而，"教育在线"的确魅力无穷，这是一个能吊人胃口，生成追求，改变命运的地方。这种感觉可用"静静私语"的一句经典概括："找到'教育在线'，就像游击队员找到组织一样。"这里没有森严的等级序列，就连市长也是平民；这里没有学阀的武断，有的只是对等的交流；这里没有人际的隔膜，有的只是生命的提醒与关照；这里没有疆界的屏障，有的只是大家庭的和谐。我们不得不敬佩朱永新老师的远见卓识，"教育在线"已经成为一个名副其实的网络教师成长学院。当年孔子劳子三千，成盖世之功，如今这么多的"研究生"竟然带得如此潇洒。纵然孔子再世，也会自叹不如。谁都不会怀疑，"教育在线"5 年，或者 10 年之后会为我国培养上百上千的教育专家。谁都不会怀疑，经过 5 年，或者 10 年的发展，很多人会成长为专家型的人才。

基于对"教育在线"的感情，他发起了一个百校、千人、万帖的活动，为"教育在线"在山东临淄地区的影响做了许多工作。他还亲自负责"新教育实验"的教育随笔，他的《春祥夜话》一开张，就成为"教育在线"的一道美丽的风景线。他为自己写了一篇《用脚做梦》的代序，反映了自己脚踏实地的人生追求。

真正见到他是在2003年的7月。看他的模样，是一个饱经风霜的长者，我想叫他一声大哥，但是一了解，他比我还小一个月。再深入打听，又知道他曾获"全国优秀教师"、"淄博市中学语文学科带头人"等荣誉称号。著有《初中作文目标全程训练》、《初中生阅读文选》等著作。其中《初中作文目标全程训练》荣获山东省新时期中学语文教改实验成果一等奖，可以说他是一个已经有很大影响的老师了。在"教育在线"《春祥夜话》开张的时候，春祥讲了他那有点"悲壮"的感人故事。我们知道了一个农村教师的艰苦成长的历程，知道了一个不停用脚行走、用脚做梦、用脚思考的于春祥。

他在区教研室工作，山东网友亲切地称呼他为"于科"。为了更好地推广和实践"新教育实验"，他主动放弃了在机关的舒适工作，来到山东省淄博市临淄区齐陵镇中心校担任校长。做校长以后，他上网的时间少了，但是他对"教育在线"的牵挂没有少，对"新教育实验"的感情没有少。他对我说，他会坚持写教育随笔。

"教育在线文库"的教育随笔第一辑出版后，受到了社会的好评。在考虑第二辑的时候，我和李镇西不约而同地想到了于春祥，想到了他的《春祥夜话》。《用脚做梦》是在"教育在线"网站《春祥夜话》网络随笔中精选加工而成，是作者面对鲜活的教育现实深刻反思的结晶。我们从中可以看到于春祥写作的风格：观点不求大而在实，理念不唯"洋"而在"新"。热点分析，入木三分；评教说学，见解独到；实践探索，方法新颖；语言鲜活，可读性强。这里的不少文章我都读过，后来又在《中国教育报》、《现代教育导报》、《教师之友》、《师道》、《山东教育》等报刊上看过，但是现在读起来仍然很有味道。因此，我十分乐意向大家推荐。同时，我也期待更多的学校进入"新教育实验"的行列，更多的老师加入写教育随笔的队伍。

学费与学习无关

◇ 赵宪宇

社会上经常有人把做错了事情叫做是"交学费"，某某领导工作失误了，损失了大量的人力、物力和财力，这时候就联想到了学校的学费概念，但这实在和学校的学费是没有关系的。学校的学费是学校教育的一种必须、一种教育报酬，是自古以来都有的一个定例。孔子是圣人，他也要学生的学费——一块咸肉。学费是教与学的等量表达，而有的领导干部假借改革的名目，多数是由于主观的原因并不是不可抗拒的客观因素而犯错了或失败了，就自我安慰或者是获得别人的安慰，轻轻地挥挥手像是作别西天的云彩，也就是算交学费了，这实在是教育所不能接受的。我们学校的学费可是另外一种含义，首先是基本上与失败没有关系的。学校里收的学费都是用来教育学生的，是正面的教育，是成功的教育。没有失败的教育，至少学校不承认是收了学费回报的却是失败的教育。

家长把钱拿来，交到学校，不是来买教训的，更不是来买失败的。家长是充满信心和期盼地把孩子送来，同时还把学费送来了。学校也是承诺要把孩子培养成什么规格的人才的。这样比较起来，某些领导交学费的比方是有点不太恰当了。学校怎么会是拿到钱而做失败的事情呢？有的人就说，这简直是对学校的侮辱。学校就是要把学生培养成才，所以学校的教育大都是正面的教育，几乎找不到反面的东西进行教育。墙上的名人名言和名人画像都是正面的教育，一草一木都有教育的真谛。找不到阴暗面，找不到反面的典型。如此看来，不用学校谴责，交学费的为官者也要汗颜了。

且慢，学校的学费功能还不仅仅是正面的教育和正面的收获，学费的用处还有更多的用场，社会上的人士就不一定知道的这么详细了。

那么，学费究竟还要买些什么东西？一般的理解，学费是用来发给教师奖金的，再不就是孩子的教材，顶多想到了学生在学校用的水和电以及粉笔、电脑等，再往深处想，也只能想到老师和校长会用学费吃喝一场。这个也可以理解，因为"靠山吃山，靠水吃水"，学校靠学生吃学生一次半次也可以接受的。如果没有人再往深处想，那就冤枉学费的更多的功能了。学费既可以买物质的还要买精神的。有物质可以买的是吃的，包括零食，还包括学生的饮水饮奶甚至是饮料。可以买穿的，校服包括春、夏、秋、冬里三件外三件的，当然要包括鞋子和帽子，笔记本、钢笔水、牙刷、牙膏、洗脸盆、书包、文具盒，甚至垃圾袋、卫生巾等等都是学费的开支范畴。就是说你想到的学费给你开支了，你没有想到的学费也给你开支了。学生可以用学费去看电影、看杂技、看皮影戏、看蚂蚁上树、看类似大篷车级别的艺术表演等等，这些精神世界的东西也是学费所责无旁贷的。当然学校在收取的时候可以用其他的名目，这叫做"欲收钞票，何患无辞"。相比之下，社会上把工作失误和失败了叫做所谓的"交学费"，就显得用处过分单一了。

关于学校的收费问题，社会的反响已经够大的了。但关键不是乱收费，根源在于乱开支。

一堂"失败"的好课

◇ 赵光平　罗星凯

这是实验区一堂尚未正式进入课改的小学自然课。为节省篇幅，这里只呈现课的一些片段，并隐去了所有的真名。

课有些不平常，听课人中有两位教育部基础教育司派来的专家、4位省教研员、3位当地教育部门的领导和一些外校教师。上课的老师叫罗吉，四十多岁。她经历过一些大的场合，但今天这种阵势，估计也是第一遭。

课是以这种方式导入的：

"我们很熟悉的东西，其实我们并不一定很了解。"罗吉老师说，"比如水，我们天天喝，天天用，可一些性质我们仍没注意到。不信，请看下面的实验。"

实验装置为玻璃管下连着一圆底烧瓶，即在塞紧了胶塞的烧瓶上，插入了一根筷子粗的玻璃管。

"里面有什么？"老师问。

"红色液体。"学生答。

"说详细一点。"

"红色液体充满了烧瓶，并上升到玻璃管中。"

"对，"老师点头，然后说，"红色液体其实是水，为便于观察，加了两滴红墨水。"

"将装置放到热水中，会出现什么现象？"

"烧瓶变热！"

"烧瓶里的东西也将变热！"

老师听后笑道："真的不了解水！不信就动手试一试。"

一试，玻璃管里果然出现了怪事，学生十分惊讶。

"你们惊奇什么?"老师明知故问。

学生兴奋地嚷道:"玻璃管里的红水会动,会往上跑!"

"这说明了什么?"

一些学生说:"水增加了。"

"是什么地方的水增加了?"老师不解地问。

"装置里的水增加了。"

"根据是什么?"

"从玻璃管看,水面上升,所以水增加了。"

老师问:"水增加了,是水的质量增加了,还是水的……"

话到了嘴边,她又咬住了。显然她不愿意说出"水的体积增加"这几个字。

她换了一种问法:"水增加了,是不是你们加进了水?"

"没有啊!"学生们说。

"没有加进水,那水怎么上升了?"

"这……,这……,"学生们张着嘴答不出来。

"给你们5分钟,小组讨论一下,为什么水上升了? 这说明了什么?"

"说明什么,不就说明水的体积增加吗!"后面一个听课老师小声说。

她的同伴则说:"可这话必须从学生口里说出来,否则,怎么体现课改新理念呢!"

"明白了吗?"罗吉老师问。

"明白了。"学生们答道。

一个男孩抢着说道:"水没有增加,是烧瓶里的热空气把水挤起来了。"

"塞子把烧瓶里的空气堵住了,空气变热,把水推上玻璃管里去了。"另一个学生补充道。

"还有其他意见吗?"老师一连问了三次,没人出声。

"这两位同学说的,你们同意吗?"

学生们说:"同意。"

"烧瓶里明明装满了水,怎么会有空气?"教师急了,声音变高。

"水上升,说明水的体积增大了,是不是?"没有时间再拖,教师直接问了。

"是。"两个女孩应和道。

"是什么使体积增大了?"

"热气。"几个学生脱口而出。

"你们说的热气实际是热量。"老师解释说，"吸收了热量，水的体积变大。"

各组按教师的吩咐，将装置从热水中取出，放入冷水中。

"看到了什么?"老师问。

"玻璃管里的红水下降了。"

"为什么下降? 给你们一分钟想一想。"

大概有了前面的学习，学生准会说："水受冷，体积缩小，水面下降。"可学生偏不这样说。

"水下降，是因为管里的水退到烧瓶里；水之所以退回，是因为烧瓶变大了。"

"烧瓶会变大?"教师惊奇地说，"烧瓶可不是气球哟，想变大就变大，想变小就变小。"

这句话，逗得孩子们笑了起来。

"其实，因为受冷，水的体积缩小，水就下流了。"老师给出答案。

各组学生又用酒精做了实验。

然后，师生们共同总结道："水有热胀冷缩的性质，酒精有热胀冷缩的性质，水、酒精都是液体，由此可以推出，液体都有热胀冷缩的性质。"

"刚才得出了什么结论?"老师问。

"液体有热胀冷缩的性质。"学生说。

老师举起一个烧瓶说道："这是煤油。它有热胀冷缩的性质吗?"

"没有!"学生们毫不含糊地说。

"怎么? 它不是液体吗?"

"是液体，但不是红色的液体，所以没有热胀冷缩的性质。"

(学生之所以这样想，可能是因为前面的水和酒精都染成了红色。)

"你们愿不愿意用煤油做一下实验?"老师问。

"愿意。"学生说。

几分钟后，各组都做完了煤油实验。

老师问："你们刚才的想法对吗？"

全班叫道："错了，液体的颜色不影响热胀冷缩。"

这堂课，经过一波三折，似乎快要成功了！

"今天学习了液体的热胀冷缩。下面做道题，看看掌握得如何。"老师说。"是一道是非判断题，题目为：酱油、菜油都有热胀冷缩的性质。"

"对还是错？"老师问道。

全班学生异口同声地叫道："错！"

老师愣住了，片刻后方问道："难道酱油和菜油不是液体？"

"是液体，但酱油和菜油是可以吃的。"一些学生说。

"酱油有色素。"有几个学生说。

"菜油烧不着，所以不会热胀冷缩。"另一些学生则说。

"刚才做过实验，酒精、煤油会不会热胀冷缩？"老师问。

"会。"学生们说。

"现在，酱油、菜油会不会遇热就膨胀，遇冷就缩小？"老师又问道。

"不会。"学生们坚定地说。

"这只是你们的猜测，"老师苦笑着说，"实际上，是会的。"

"啊？"学生情不自禁地叫出了声。

下课了，罗吉老师心情沉重地走出了教室。

下面就要评课了，不知上面的人会说些什么！

座谈开始了。

罗吉老师谈了自己的看法："虽然自然课还没有课改，用的仍是老课本，但学校组织的课改学习，我们都参加了。通过学习，我们认为：老师讲，学生听，那是老课堂；学生说，老师听，这才是新课堂。学生说对说错，是一回事；敢不敢让学生说，又是另一回事。教学要走出新路，必须要有勇气。"但是，罗吉老师话锋一转，"新课堂也好，老课堂也好，讲的是'实效'二字。这堂课的目的就是要教会热胀冷缩，但没有教会。后面的测试题，全班没有一个学生答对，没有一个！""教学目标没有达到。这是一节失败的课！"罗吉老师说这句话时，满脸都是愧色。校长看着这局面，觉得有必要说一些情况。"由于一些原因，备课没有备充分。在原计划中，没有这节公开课。昨天，看到专家离开之前还有一些时间，才临时商议上这节课。可能是时间仓促，自然课老师胃病急发了，我叫罗吉老师顶上。罗吉老师是副校长，现在教的是数学，以前教过一些自然。"

罗吉老师接口说道："昨晚，听说上这课，我也慌了。以前没上过这部分，会上出什么结果，心里没有底。后来又想，自己有教学经验，这部分也不难，怕什么。现在看，我过分自信了。课上成这个样，我没有预料到。"一直在听的教授问道："你没有预料到什么？"

"实验，做了；讨论和总结，也进行了。该做的都做了，按理学生应掌握了，可……"罗古老师直叹气。

"可能是我们的学生基础差。"本校一个老师说。

"不，"罗吉老师摇头，"可能还有更深的原因。"

"比如，在我们眼中，液体就是液体了。可你看到，小孩不这样想，认为有红色的液体、可吃的液体、可燃烧的液体……"

"对，小孩认为只有某些特殊的液体，才有热胀冷缩的性质。"博士说。

罗吉老师内疚道："这怪我，用的液体种类太少。"

"你的意思是……"教授说。

罗吉老师说："多用几种液体，就不会闹出'酱油可以吃，不会热胀冷缩'这种笑话。"

教授摇手笑着说："那倒难说。假设除了醋外，常见的各种液体学生都做了，然后问醋会不会热胀冷缩，你猜会怎样？"

罗吉老师微笑不答。

"不会，因为醋是酸的，和其他液体不一样。"教授模仿着学生的腔调说，引得在座的人笑了起来。

"怎么会这么难呢？"罗吉老师困惑不解。

博士解释道："难在与日常经验不相符。比如：你说水受冷，体积会变小。可孩子们觉得一杯热水冷了，并没有浅下去一点。

又比如：炒菜前，菜油也加热到高温，可并没有见体积增大。人都是更相信自己的感觉，儿童尤其如此。"

"对一件事，孩子的理解可能和我们完全不同。"教授说。

"对，"罗吉老师很有感触地说，"比如，做水的实验，管里的水柱升高，说明水的体积增大了。可学生并不这样认为，一会儿说水多了，一会儿又说水没多，是烧瓶里的热空气把水挤上去。"

"为什么一会说水多了，一会又说没多？"教授敏锐地问道。

罗吉老师说："我到现在也没搞懂。"

博士解释说："说明学生心里存在冲突。"

"什么冲突？"教授追问。

"过去的经验与现在的实验现象冲突。"博士说。

"请具体一点！"

"每天喝水用水时都看到，往容器里加水，水面上升。可实验却是，没加水（装置是密封的），水却上升了。这就是冲突！"

"孩子如何解决这个冲突呢？"教授问。

"认为里面有空气，空气受热，把水挤上去了。"博士说。

"为什么要这样解决？"教授问道。

这问得太怪了，全场的人（包括教授本人），都一时答不上来。

突然，教授拿起一个装置，问坐在对面的一位小学语文老师："受热，这里面的水会怎么样？"

"上升。"

"为什么上升？"

"当然是热胀冷缩哟。"

"热胀是什么意思？"

"就是水的体积增大。"

"没有加进水，怎么体积会增大？"

"水松了一点。"

"那为什么受冷体积会缩小？"

"水紧了一点。"

教授兴奋地叫道："听到了吗，水松了一点，水紧了一点，这是什么意思？"

"装同样多的水分子，装松一点，体积就大；装紧一点，体积就小。"其实，到了这时，博士不用说了，大家早就明白了。

是什么原因导致了这堂课的失败？

原因之一就是，小学三年级的学生没有，也不可能有分子的概念。

清楚这点，罗吉老师心里轻松了一些。只听她问道："备课时，我怎么没有想到这层困难呢？"

"实话说，我也是刚才与大家讨论时才想到的。"教授说。

"以前，你没听过这堂课？"罗吉教师问。

"听过，就是前不久在其他地方听的。"

"他们上得如何？"校长急切地问。

"效果很好，学生掌握了热胀冷缩。"

"他们是怎么上的？"罗吉老师问。

教授没有直接回答，而是说："在听课过程中，我向孩子借了课本。当翻到上课这页时，我僵住了。"

"为什么？"别人问道。

"课上要问的问题以及标准答案，早已记在了上面。"

"啊，敢如此作假！"人们叫了起来。

教授说："研究课要真实，只有真实才有研究的价值。你们的课就很好，可以看到学生的真实表现，可以听到学生的真实想法，提供了一个真实的案例，让大家讨论研究。说心里话，听到这堂课，我感到高兴。不然，我真不知道孩子学习热胀冷缩还会有这么多的困难。"

座谈会结束了。专家们离开了实验区。

后来，罗吉老师的处境怎么样？

没有怎么样。

她并没有因这堂课而受到责难；反而因这堂课，她受到教授的邀请，参加了他主持的一项教育部的课题研究。

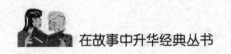

教育是慢的艺术

◇ 张文质

1. 我常常发现，更可怕的是人失去耐心，缺乏最基本的修养；更可怕的是不自知，自我陶醉，自甘粗鲁、卑俗。有时候这一切才是教育更为具体、尖锐的问题，但是它往往被各种任务、指标、困难遮蔽了。因此研究教育，最需要的是倾听、观察、记录和描述，研究教育就是"回家"，回到教育，回到细致、持久的省悟之中。

2. 我们帮助孩子获得知识，我们学习和孩子共同生活，也许只有在这样的一体感中，孩子们才能感受到我们对他们真挚的希望。这种希望不是外在的对他们的馈赠，而是我们共同生活的意义——我们彼此葆有希望，这样的信念是生活的动力也是价值所在。

3. 不言而喻，教师要有一颗教育的心灵，敏感、细腻、坚强、执著、明确、美好，教师甚至"要比热爱自己的党派、教会更热爱自己的学生"，教育确实要以爱为底色，谈起教育就是谈论我们的孩子和未来——然而，只要一静心，我们就知道自己实在被扭曲得太厉害了。也许更需要询问的就是我们还有多少真挚的热情、承担的勇气，能够使我们在各种困难中坚持应当坚持的执著，可是我知道这样的询问很多时候也是苍白无力的，莫名的焦灼与恐惧盘踞了我们的生活，太多的指标、任务、功利已经控制了我们的心灵，我们渴望着美好，内心却变得越来越无望与冷漠——坚冰时期仍然延续着，有时我们几乎无法越过它瞭望到自由和有活力的未来。

4. 常常我会清晰、明确而又不无痛苦地意识到自己思想和创造力的衰竭，同时我明白这种衰竭绝非是一个人的事。也许，我们还必须正视这样的事实：这是一个思想和创造力枯竭的时代，无论从历史的纵向还是从我们所处的时代的横向加以审视，情况都大抵如此，它是一个令人沮丧与气馁的时代。持久的战争、政治运动、屈辱的生活耗尽了一代代人的智慧和活力。有时我们甚至一辈子都无法挣脱作为"平淡无奇"的"被压迫者"（弗莱雷语）的思维模式。我们自足、庸常而耐心地生活在一个奇怪而漫长的过渡时期——这是一种比较乐观的表达。

5. 有所坚持、有所放弃、有所抗争也是困难的，当你真的去尝试时，你就明白了，更多时候我们似乎只能"自然而然地"选择顺从、沮丧、怨恨和焦虑。我不得不说，内心的苦楚是很难诉说，甚至是无处诉说的。焦虑不是一种心情，而是一种感受世界的方式。

一些"渺小的思想"，正在贯穿我的一生。

一些散乱的念头正在引导着我。

6. 我们正在普遍地感受到"新课改"遇到了困难，有各种各样对困难的原因的探讨，我认为真正的困难是：现实的状况再一次证明了"制度优于技术"，制度才是第一推动力，某些制度的"不对接"才是一切改革与创新真正的障碍。"新课改成于教师，败于领导"说对了一部分，它是某些现状的描绘，而这些现状背后令人恐惧、无所作为的是，在坚硬、冷冰的制度面前，个人与新理念几乎是没有价值和力量的。"渐进"思想从根本处而言，并没有多少生长的空间。

7. 我甚至有点惶恐地明白了一个简单的道理，我们最大的错误其实是前提错了，因此你无法乐观起来，经常你就是白费劲，最后的结果常常是你所有的努力中只有极少的部分有正面的价值。每一次，为了这极小的正面价值你必须连带着也为"负价值"而付出心力。若对很多所谓正面的"教育行为"细加审视，就发现"邪恶"和"不光明"的一面也都会"如影随形"。

8. 我几乎没有勇气说，不是因为"新课程"有太多的缺陷，而是即使有这样那样缺陷的"新课程"，对我们而言，也仍是奢侈品。也许新课程缺少的是生长它的土壤，这种缺少不是靠意志、热情与执著能够解决的。

现在是坚持还是放弃，都是一个问题。

9. 我们面对的教育实际上就是缺乏平等、威权管束、没有多少自由和独立性、以应试能力的培养为基本目标取向的，我们面对的教育同时还存在着严重的投入不足，不少学校挣扎在贫困线上，谈论教育怎么能不正视这一切呢？这些状况的改变才是教育改革要致力解决的核心问题。这些前提性的问

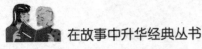

题从根本而言严重阻碍了教育迈向人性，迈向对个性和想象力的尊重，甚至成为教育中一切困难与灾难的源头，我们有多少的心力就白白耗费在这种种无法改变的困局之中呢？没有这些前提性状况的变革，要谈论创新和创造力是一件多么困难的事？

10. 因此，我也明白为什么我们会感到"无计可施"、"难有作为"，这是真实的状况，并非我们脆弱、无所用心、不够坚韧。教育改革确实就是寻路之旅。

11. 但是，我仍然要说，为微小的美好所付出的努力是值得的。这是因为，教育基于真善美，直抵人的心灵，教育直接面对每一个正在生长中的生命，教师个人的美好无论何时都弥足珍贵，也许正是它，构成了童年最有意义的"希望的生态"；只有它，才能播撒与邪恶对峙的种子，并积蓄最终摧毁邪恶的力量。同时我还要补充一句，今天，正是这些身上葆有美好元素的教师保存了教育最后的价值。

12. 幸运的是，教育总是具有潜在的、不断积聚的巨大的力量，从来都是如此——如果我们有耐心去体察，有信念去促进，我们就更有可能回到自己——从自我生命的反省中返回教育，回到一种更多元更具开放性的自我认同中，从而能够避免再一次的迷失。

13. 当我们谈论教育时，往往语调会变得激昂或消沉，当意识到这一点时，我总是尽快让自己的情绪调整回日常化的状态：用生活着的方式理解、表达，我并不是另外一个人，也没有什么力量在我心灵深处爆发了。每个人都是过程，每个人都只能看到一小部分，我是一个"乐观的悲观主义者"。

14. 刘铁芳先生以下几句话说得对极了，我觉得有必要认真抄录一遍，以表敬意和强烈的认同：凡把自己的教育理论、方案、谋略说得天花乱坠者，皆不可信；凡动辄言称"学习的革命"、"教育的革命"、"……的革命"者，皆不可信；凡动辄宣称教育的真理在握，非如此不可者，皆不可信；凡把教育的奥义说得伸手可及者，皆不可信；凡把教育的改革发展说得易如反掌者，皆不可信。即言称教育改革如探囊般容易者，也许乃是因为他们自己就是改革的最大受益者。

刘铁芳用简单、有力的句式，明确不二的立场洞见了纷繁复杂的各种表象背后的教育真相！

15. 许多年来，叶澜教授持之以恒地躬行"新基础教育"的理念，无论到哪所实验学校，她必定要先上教室听课（而且每次都是聚精会神地坐在教室的最后面，她说这样才看得清楚每个学生的"动态"），必定要先和实验教师对话，为他们"捉虫"、指路。如果没有外出，她几乎每周总会安排一天时间，早上 6 点多钟就出发到一所学校，上午一听就是 4 节课，中午简单用餐后，就开始评课、交流，然后则是讲座和对学校工作提出自己的意见，她家里人告诉我，每次"这样的活动后回到家往往要到晚上六七点了"。叶澜老师是当代最有影响的教育学者之一，她的"田野作业"方式同样令人赞叹、敬佩，启人心智！接着我要用刘铁芳的句式（他则得之于作家王蒙）这样说：凡从不进教室，从不听课，从不与教师细致交谈，每到一地必作大报告的那些"学者"的高论，皆不可信。

16. 当代教育有一惊人现象，就是有越来越多所谓的"名师"在全国大大小小的教研会上"走穴客串"、"现场送艺"，而且若稍加注意就会发现他们反反复复"操练"的也就是那么几节"经典"、"做课"——有位"名师"这样说，不是我们上不了别的课，而是实在输不起——但是，你"不能不叹服"的是，几乎每次都是观者人头攒动，群情高昂，嘉评如潮，真的堪称教育艰难时世中的最壮观的一幕悲喜剧。

17. 美国教育家博耶说，学校还是小的好。那么"小"到什么程度为好呢？"小到学校所有师生都能彼此叫出对方的名字，亦即人数控制在二三百人内为最佳"。博耶又说："当班生数超过 30 个人时，教师的注意中心就从对个体的关注转为对班级的控制。"这些见解都令人感佩。但博耶一定想不到，在中国有那么多"名师"可以在叫不出一个学生名字的情况下也能把"课做得神采飞扬"，他更不可能想到一些更厉害的"名师"竟可以在体育馆数千名观众面前在叫不出一个学生名字的情况下把"课做得神采飞扬"，也许，从某种意义上说，这正是中国教育胜过美国教育的"难能可贵之处"。

18. 苏霍姆林斯基是个有伟大毅力的教育家，他长期的对学生细致的观察，对思考与写作的坚持，甚至每天一定要听两节课的习惯，都是令人景仰的，这些行为本身也体现了一种教育家的精神。

我们也能有勇气与毅力对自己的信念坚持不懈吗？特别是校长们是否也能试着每天进课堂，就从"最简单"的听课做起？

19. 我对20世纪60年代、70年代、80年代、90年代出生的人"受教育过程中负担状况"作一个粗略的比较，发现童年的边界在缩小，教育的负担在不断地加大，"应试"的意识越来越深入人心。有时，我会"消极地"想，改革当然重要，但在改革取得成功之前，我只盼望着教育的生态不要继续恶化。

20. 教师的精力与能力如果仅仅能够应用于日常工作，只能用于维持生存的当务之急，那么教师是很难具有反思力，并将自己的思考转向内在生活与思想的。思考、质疑、在日常教育工作之外的用心，都属于奢侈的消遣，当我们迫于生计，并受制于各种压迫之中，我们的灵魂是粗糙与躁动的，我们的生活更多的是适应与屈从，是消耗与厌倦，我们的一生也将是飘零和混乱的。

21. 涂尔于曾经在他的教育思想的演进中写道：实际上，教育理念的发展和人的所有发展一样，并不是始终很有规则的。历史上，各种不同的观点你方唱罢我登场，发动了一场场争斗，在这些争斗中，颇有一些正确的观念被扼杀，尽管根据它们内在的价值来判断，它们原本应该留存下来。和别处一样，这里的生存竞争只能产生非常粗略的结果。一般说来，生存下来的也是最具适应性的，最有天赋的观念，但与此相对的是，在种种情势的偶然凑合之下，又有多少成功并无价值可言，又有多少失败和覆亡令人扼腕叹息。

22. 在我的笔记本上记录下了罗马尼亚思想家尼明斯库的一段话：

有时候我不禁会这样想，属于这个时代，并被这个时代的需要与倾向所主宰，成为"成功人士"的那些人，往往是面目可憎的，他们的卑陋和激情恰恰体现了这个时代所信赖的一种"精神"。而我愿我的目光更多的是注视着那些失败者，人微言轻奋力挣扎的人，找不到方向默默生活的人，日益边缘化望不到尽头的人，因为从来，我就只是他们中的一员，我乐于接受这样的处境，并把它看作是自己的命运。

23. 这些年来我一直倡说生命化教育，强调"教育是一种慢的艺术"，最近读到佐藤学的著作，看到佐藤学也有类似的观点："这场教育革命要求根本性的结构性的变化。仅此而言，它绝非是一场一蹴而就的革命。因为教育实践是一种文化，而文化变革越是缓慢，才越能得到确实的成果。"此外佐藤学还主张教育变革应该是"静悄悄的革命"，认为它是从一个个教室里萌生出来的，是植根于下层的民主主义的、以学校和社区为基地而进行的革命，是支持每个学生的多元化个性的革命，是促进教师的自立性和创造性的革命，这些都是能给予人启迪的见解。

24. 其实任何猛烈、"激进"的变革不仅危险，而且遵循的从来都是自上而下的大一统模式，它所能借助的往往就是"政治优势"，因此"运动模式"也就成了这种所谓的"变革"的常见形态，但是在它的激情澎湃、轰轰烈烈背后，几乎很难看到有什么新文化、新价值落地生根——我们的教育变革还没有一次能跳出这样的处境。

25. 现在我坐在教学研讨活动的现场，第一节课要开始了，我也有点紧张。"舞台"上的孩子们正专注地听老师作"最后的部署"，我头脑里突然冒出了这样一个句子："兴奋而可怜的孩子"。诚如一个学者所言，如果我们真的爱孩子，我们就应该尽量的少开公开课，尤其要少举行大型的、更多为了显示课改、实验实绩的公开教学活动，就让教学过程尽可能如它所当有的朴素与自然吧。

26. 不管怎么说，在众多旁观者面前上课，老师的兴奋中心在于"表演"，我说的不仅是那些夸张的作秀，而且，即使是比较"朴素、自然"的课，教师也仍然受制于"任务、荣誉、现场的氛围"，他的紧张也全然不同于在自己的教室日常状态下的教学。除了"手段极高明"的"行家里手"外，一般教师上课的过程（从接受任务、反复准备到上课结束）都是精神的"炼狱"过程。因此，我还要说如果我们真的爱教师，就应该尽量少让他们受这样的煎熬。

27. 而我说的这些，其实也是对自己的检讨，我经常也是这类研讨活动的组织者、发起人，我可以把责任推到"不得已而为之"、"舍此之外，也没有更好的办法"之类，但是反省总是必要的。还有一点必须特别强调，要了解一位教师真实的教学水平，听一节公开课几乎完全是不够的，说得难听点，有时公开课还会制造假象，产生误导，引人误入歧途。公开课的危害与危险，我们对它的认识还远远不够。

28. 看着简陋的舞台上，被强烈的灯光照得"挥汗如雨"的师生们，我想到在当下的教育格局之中，谈教育仍是一件困难的事，这里说的教育不是优质教育，不是素质教育，也不是"新课程"，而是，课堂上如果真正有了一

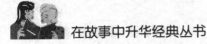

点民主意识，有了一点对学生的尊重，有了一点学习方式的改进，其实已经是善莫大焉了，我们对"好课"的期望过于强烈也绝非什么好事。

29. 我常想"新课程"并非我们的起点，我们离这样的"起点"还非常遥远，它只能是教育长期追寻的目标，我们应该不断创造条件去趋近它。这样我们就不必为了使自己的课更像"新课程"，而做假，伪饰，反复操练，相互欺骗，我们就能从容看待自己的不足，更容易找到努力的方向。

30. 教学过程从来都是知识和精神的探险，"40分钟"的旅程短暂而艰难，我们更应该带着"好的教育理念"进课堂，而不是"好课的标准"进课堂，一切外在于师生生命、情感、知识、经验的"标准"都是靠不住的。一位优秀的教师即使在公开教学时，他关注的中心也应该是，让每一位学生获得尽可能多的安全感和放松感，使每一位学生都能更为积极、健康地参与学习。以至于很快忘记了公开教学，而使课堂复归它的"原初"，生命能够进入更为本真的状态。

31. 一个教育的管理者（我笼统地把局长、教研员、校长等都称为管理者），如果仅靠公开教学活动来观察教师，并以此作为评价教师的依据，那一定会有很多的偏颇。尤其是校长，最重要的工作，应该是在日常状态下，对每一位教师进行长期、细致的关注与帮助。公开课对教师而言，最重要的其实是一种类似于节目主持人的能力：如何笑容可掬、驾驭有度、相貌出众、风趣盎然、处变不惊、临危不乱、精于设计、引人入胜之类，而具备这些能力的教师总是极少，于是大到全国，小到一所学校，能登台表演的总是只有那么几位"明星教师"。

32. 我并不是要全然否定公开教学研讨活动的价值，我特别想说的是，我们一定要把公开课还原到尽可能自然、素朴的状态，要更警惕利益驱动的危害，要更多地体谅、理解教师与学生的难能可贵之处，在教育工作中不容易的也是一种平常心。

33. 我所坚持的，是长期地深入相对比较自然状态之下的课堂，当然这样的课堂仍然还会有一些"水分"，但这个时候确实难以"再简化以使之更自然"了，这样的课堂给了我更多思考的"素材"和对改进教育的认识，也使我明白，一节一节地听课是困难的事，而教师的工作更是繁杂、艰难，我因此有了更强烈的教育之心：坚持教育的立场，和教师在一起，和孩子在一起，这才是真正的生命化教育，才是真正的民间情怀。

34. 关注每一个人，帮助每一个人，肯定每一个人的教育变革，也许还没有真正地开始。我们只要稍加思考，就会明白这是多么困难的一件事，但是，这样的努力才是教育的方向和本质所在，我们谈教育怎么能不从一个个具体的人说起呢？

35. 我坐在一个又一个教室之中，我想的最多的就是每一个人，一个又一个的人，有时我甚至会忘了自己确切的"任务"，而把目光长久地落在某一个孩子身上。我想在自己的目光中。常常洋溢着父亲式的忧虑和悲情。有时，课堂上一个微小的成功也会让我眼睛湿润，情绪难以抑制——我知道，我期待的就是每一个孩子幸福、充实的童年生活，课堂上淡淡的、自然流淌的人性的美。

36. 而当我说到一个个人时，我便能深切地感受到教育的冷漠和失败，同时，我会更心痛地意识到"在教育中大多数人的牺牲，几乎已经成为难以变更的常态"，从乡村到城市，人们不仅为生计而挣扎，也为教育中稀缺的一缕阳光而付出惨痛的代价。有时，我们只能茫然地说，也许这就是时代的命运，大多数人概莫能外。

37. 如果变革无法真实地发生，如果教育使人生失去了"进路"，我们就几乎无法避免应命的、厌倦的，甚至行尸走肉般黯淡的生活。对此，我并不是要作"价值评述"，而仅仅是记录下了我所亲历的具体生活的一个切面，更多的人都感受到了这一切。

38. 每个人都是教育的一部分，让我们时常想到这"每一个人"。这样我们就能想到自己，想到每一个人微小的责任，每一个人对空缺和盲点的补位。教育要有补于世道，我确信一定是从每一个人的努力与自我意识开始。

39. 有时我也担心自己因为过多的负担与忧思，而变成逢人便抱怨的"祥林嫂"，我提醒着自己。当你不能改变这个世界时，就试着改变自己；当你不能改变自己，你就试着改变你的生活。任何的改变都是重要的。细小的快乐累积着更多的对幸福生活的期待。

40. 总是会有更多的理由、更强烈的人生信念使我们渴望成为"美好生活"的"进入者"。所谓的"美好生活"就是"在任何时候和在任何社会文化中他都将建设性生活"、"在某些文化情境中，他很可能有些方面非常不愉快，但他将继续向他自己转变，采取一些行动使他的最深邃的需要能得到最大限度的满足"（罗杰斯语）。我们几乎还可以肯定地说，只有"建设性生活"的人，他的生活才能是美好的——他成为自我塑造者，自我革新的力量使他获得了真正的存在。

41. 即使"所有伟大的人物都烦透了"，所有的规章制度都已僵死，我们也不可能随之厌烦与僵死。也许，我们总是要有这样的冲动：渴望着未知的生活，变成一个"不知名"的正在生长的人，踏上一条不知所归的道路，就是成为一个词、一片灰烬也仍在强烈地呼吸……

原谅学生的一千个理由

◇ 陶　波

那是一节心理活动课。我让大家做一个"盲人拐杖"游戏，要求是一个人做盲人，用布蒙着眼睛，一个人做"拐杖"，带领盲人走路，但"拐杖"不能讲话。

我先组织几个学生在操场上用粉笔画了一些象征性的障碍物，如"高山"、"壕沟"、"大河"、"栅栏"、"铁索桥"等等，要求"拐杖"照顾盲人越过障碍顺利到达终点，一轮游戏完了之后，再进行角色互换……

此时，一个女学生走到我身旁。"老师，我跟你一起做裁判吧，班上不会有人愿意跟我玩。"她小声对我说。这时我才意识到班级有49人，有一人将没有搭档，而这位女生平时比较"孤僻"。于是，我说："太好了，我跟你一组，我还正愁没有搭档呢。"

学生们很快乐地活动着，很多小组的配合都相当默契。最后轮到我们，我先做"拐杖"，在带领那位女同学越过障碍时，她抬着一条腿，等待我的帮助，可面对"壕沟"、"大山"等障碍物，我实在不知道该如何用动作带领，她一次次地遭遇"危险"。我实在耐不住，也不管什么规则了，小声说着"向左、向右、跨、前进"等口令。轮到我做盲人时，她在我耳边说："要跨时我就轻拍你的手两下，向左转我就拉拉你的左手，向右转我就拉拉你的右手。"游戏开始，我眼前一片漆黑。那时，我是多么孤独、无助，是那么地依赖我的"拐杖"对我的照顾。那位女同学耐心地搀扶着我，轻轻地拍着我的手，有时蹲下身子搬我的脚。我走得很慢很慢笨拙地挪动着脚步，走上"天桥"时，她退着身子，一点点地带我移动……终于围观的学生爆发出一阵掌声，我知道我已顺利到达了终点。

这次游戏本是想让学生得出一个重要的结论：尊重别人就是尊重自己。

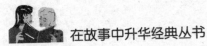

而在整个游戏过程中，我的体验却是：我没有给予别人足够的耐心和尊重，可是我得到了别人的原谅，得到了足够的尊重和细致的照顾。想想我为人师的点滴，不觉有些惭愧，有一句话忽然从脑中冒出：作为教师，有一千个原谅学生的理由！

她的"孤僻"是因为她坎坷的人生经历。

以前，我没有主动去关注过她，只感觉她有些"古怪"，有些不合群，有些格格不入，有些自私，上课老爱走神……说心里话，教她很长时间了，我根本没有喜欢过她。直到这次"盲人拐杖"游戏，我才开始关注我"搭档"的生活状态。

"我的父母在我出生后就离婚了，我从未见过父亲，也很少见到母亲，我跟着外婆生活了13年。现在外婆老了，我真有些害怕和担心。有一次，你让我们写一封对父母的问候信，我十分难过，也十分抵触……"眼见这位善良的小姑娘的生活境遇，我只有劝慰她："成人有成人解决问题的方式，我们应该尊重他们。"可是，我连自己也无法说服：孩子有什么错，为什么要成为成人"生活方式"的受害者。

我为我那么长时间的偏见内疚，其实，应该原谅她表现出的性格弱点，那是缘于她不幸的人生遭遇。

她的"敌对"是因为她独特的见解。

上课时，那个大个子男生将椅背朝前，跨坐在座位上，嘴里还嘀嘀咕咕地讲着什么。我说了几遍让他将椅子转过来坐，他没有动，真的把我气坏了。我冷冷地说："如果你不想上我的课，我给你一个权利，以后凡是上我的课你可以到外面去呼吸空气，可以不要来。我很遗憾地告诉你，经过你的争取，你获得了老师可以'忽略'你的权利。"课上到一半，他将椅子转了过来，可是，我决定还是不原谅他。后来的几节课，我依然"耿耿于怀"地没有理睬他，虽然我知道这不是一个老师的正确举动，可是，我对自己说：我除了是一个老师，也是一个普通的人。他没有尊重我，也没有表示"沉痛"的歉意，我就不会原谅他。

终于有一天，我收到了他的一张卡片，卡片里写着："老师，对不起，你一定还在生我的气。其实，我将椅背朝前是因为想保持自己读书和作业时的正确姿态。有椅背在前，我就不会趴到作业本上而伤害眼睛了，并且，椅子后面没有靠背，我也才能够'坐如钟'。你还记得吗？有一次上课前，你从我身边经过，看我趴在本子上做作业，你将我的头抬起，说，'坐好，保护好眼睛，保护好脊椎'。当时我非常感动，因为只有你才会关心我这样一个不起眼的学生。我决心改正自己的不良习惯，不会辜负您。可是，我还是伤害了您……"

读完信后，我想我应该做的第一件事是向那位学生道歉，请学生原谅我：我"闭"上了自己的耳朵，没有耐心地去听取他"敌对"的理由。

作为教师，的确可以找到一千个原谅学生的理由。这绝不是为"犯错"的孩子寻找开脱的理由，也不是有意找寻教师和家长的"罪过"，而是为孩子真正地健康成长做一点源自良心的服务。因为，只有找到原谅学生的理由，才能真正地去理解和宽容学生；只有肯原谅学生，才能主动地用爱心和耐心去帮助他们。

我们的确有一千个原谅学生的理由，是因为他们还是成长中的孩子。而那一千个原谅学生的理由，深藏在每一个教师的观念和爱心里。

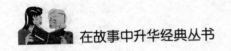

真心为师表，无意成"潇洒"

◇ 刘国营

从教已经4年了，已经不敢去回忆自己初为人师的幼稚了，想想就觉得脸红。想当初自己做了多少尴尬的事情，让学生和自己都下不来台。再看看自己大学刚毕业时的照片，更是往事不堪回首！自己都不忍心看自己的那副德行！一转眼，4年了。前几天有个学生在"自省"中提到，说班主任也是有点潇洒的，不要整天那么对自己没有信心，说班主任和自己心中的某个偶像还挺像的。你猜她的偶像是谁？竟然是我的偶像周总理！我真是哭笑不得。还有学生说我像刘烨，也有人说我只比冯巩帅一点，搞得我啼笑皆非！从中各位也应该知道我非"偶像派"教师，空有1米78的个头，"苗条"的身材！但是学生不止一次提到，喜欢看到我咧开大嘴傻笑的样子，说那样特别有感染力！看来自己慢慢地已从一个少不更事的毛头小子，变得也有点"风度"了！

回味自己这两年多的变化，其实还要归功于学生的"培养"。自己在面对学生时，每天早上起来要把胡子刮干净，把头发梳理整齐，如果是穿西装的话，要让老婆选一条搭配比较协调的领带。衬衫虽然不是名牌，但保证每天一换，保证不让污渍出现在领口和袖口；天暖时争取每天洗个澡，不让头皮屑落在肩膀上；自己脚上的皮鞋保持黑亮。这样每天都有一个好的形象出现在学生面前。因为自己心里清楚：我是一个班56个学生的"头"，整天给他们讲要注意自己的行为规范。要注意个人的修养，要树立君子风度，自己总不能太掉价吧！

也是慢慢地，发现自己的脾气变得不那么火爆了，发现自己也可以娓娓而谈了，发现自己站在那里不会东摇西晃了。无怪乎学生说，对刘老师是既喜欢又怕，搞不懂为什么。

想想，自己最初的本意是要为人师表，为了不辜负学生的期待，为了不辱没教师的真正形象，结果却改变了自己！

在平凡中演绎精彩

◇ 朱永新

教师是再平凡不过的职业，平凡得让许多人非常容易产生厌倦的心理，所以有所谓"教1年重复30年"的说法。其实，如果有机会改变职业，你会发现，每一个职业都是那么相似。你以为那些歌星不厌烦吗？你以为那些作家不倦怠吗？

前不久读到这样一则新闻：山东沂蒙山区有一位46岁的中年教师，在平凡的工作之余，从事昆虫的生态研究。他走遍了沂蒙山区的1000多座山峰、500多条河流、300多处水库与池塘，制作了一万多个昆虫的标本。

这位老师叫杨同杰。他完全可以和许多老师一样，满足于课堂上的讲述，满足于生活的安逸（相对于山区的农民）。但是，他的生物课就不会像现在这样精彩，他的人生更加不会像现在这样丰富。他选择了在平凡的工作中创造不平凡，因此，他的假期是在黄河与长江的流域中度过的，他的业余生活是在思考与研究中度过的。他先后出版了《走进昆虫世界》、《寻访生存边缘的生灵》等五部科普著作，记下了50多万字的考察日记。2002年，杨老师还获得了"美国福特汽车环保奖"。

杨老师的故事似乎是一个美丽的传奇，但这是一个真实的案例，是我们每一个老师都可以达到的境界。问题是，我们许多老师从来没有这样想过，也没有这样去尝试过。结合我们的学科，我们可以做许多有意思的研究；围绕我们的学生，我们可以记录许多精彩的故事；针对我们的教育，我们是最有发言权的主人。

许多老师，尤其是与我们一起创办"教育在线"的老师，仍然在这里做版主、开专栏，这些朋友让我很感动。到现在为止，"教育在线"的每一个人都是志愿者，是在繁忙工作之余进行义务劳动。

当然，仅仅靠感动是不能留住大家的。我们能否用我们的心留住大家的心，能否用我们的行动来证明我们的努力，这是最重要的。

为什么我们不能像杨老师一样，在平凡中演绎精彩呢？

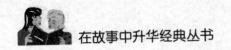

教育是诗性的事业

◇ 梁晓声

教育是诗性的事业。

这是我对教育事业的看法。想想吧，我们将医务工作者颂称为"白衣天使"，而"白衣天使"们，在当代社会中，无一不是由医科专门院校培养出来的。他们救死扶伤的医术得自于医科院校，他们的医德，其实最初也得自于那些院校。

这么一想，教育事业的诗性简直是不容置疑的了。

但我在调到大学之前，关于教育事业的看法，是很受到一些朋友的善意告诫的。他们批判我有浓厚的主观倾向，指出我先将某事业诗化，进而圣化，再进而投身其中，潜意识里，为的是获得一种良好的自我感觉罢了。

现在，我已经调至大学两年了，无需朋友们再批判，我自己也开始意识到，我确乎又一次犯了太过理想主义的错误。我本是企图逃避浮躁的包围，才决定调入大学的。我觉得没有如愿以偿。并且，连我自己也又浮躁起来。第一学年我几乎没对学生发过脾气，甚至没批评过哪一名学生。而这一学年，我已发过几次脾气，批评起某些学生来，态度也相当严厉了。

然而，每静思之，我仍觉得——教育确乎多少有点诗性的特征。其诗性，是我从我的同行们身上发现的。他们性格各异，授课的方式方法很不一样；对大学教学使命的理解，也不一样，甚至观点是对立的。

但他们一进入教室，踏上讲台，每一个人似乎都变了。那 45 分钟，我相信，是我的同行们最为认真对待的 45 分钟，也是他们各自将自己的精神状态体现得最为饱满的 45 分钟。连他们中谁正在看病，都是丝毫也不愿被学生看出来的。

但是在那 45 分钟里，他们内心里的愿望，却是任谁都不难看出来的。那愿望可归结为如下的无声话语：

"我要将我头脑里一切可以叫作'知识'的积累统统给予你们！"

"如果竟非你们所想要，告诉我，你们真正想要怎样的知识？"

"如果我的方式和方法并不可取，那么，请向我及时提出你们的建议！"

我曾伫立教室门外听我的同行们上过课。那时，我觉得他们每个人都很美。无论年老的或年轻的，无论与我的教学观点一致的或对立的。那时，在我心目中，他们每一个人都是可爱的。

给予知识……想多多给予……恨不得一下子统统给予……给予的越多，自己越欣慰。反之，沮丧，失落，迷惘。本可以不那么一厢情愿，却偏偏那么地不遗余力。

近乎推销、直销，却不是买卖。是一个"场"，却不是市场。不见现金交易的情形，也不是期货般的待价而抛。有时很急，但乃因不知怎样成功地给予才好。这一种急和盈利与否没什么关系。是的，由此，我仍能感受到教育的些许诗性。

我也经常想到教育在另外一些地方的情形。

我曾与我的作家同行铁凝一道，为湖北穷困山区的一所穷困小学去捐点儿我们几位作家的稿费。那小学只有一名教师，叫胡大青。他既是老师，也是父亲般的"家长"，还是为学生们做饭的人。那些穷困山民的孩子们将铁凝送给他们的彩色橡皮当成糖块塞入口中，铁凝的眼泪夺眶而出。胡大青老师每天6点多钟，要划一只巨大的木盆，将他的几名学生由湖对岸接到学校这一边来，晚上再送回去……

铁凝离别时对胡大青说："你和你的小学是一首诗……"

我也曾与导演李少红去过江西穷困山区的一所小学。一名上海女知青留在那里当了校长。为了那些与她难分难舍的学生，她一次次放弃了返回上海的机会……

李少红曾深有感触地说："教育是一件能使人变成它的信徒的事情。"

而我自己，在北大荒当过3年小学教师。我当年认识了十几位北大荒的中小学校长。如今，他们有的已经不在人世；有的已经是六七十岁的老人了。他们的人生价值，全体现在了当年那些简陋得不能再简陋的教室里。而从那样一些教室里，走出了现在北大的经济学院院长刘伟，走出了北京电影学院党委副书记王黎光。

教育在那样一些地方、那样一些教室里"受洗"。

刘伟和黎光，我的两位朋友，对于教育的诗性，比我有更深的领悟。

大学是使教育辉煌起来的地方，也是使教育热闹起来的地方，还是使教育每每变为沽名钓誉之"场"的地方。但是，任什么都改变不了这一点——在教育"受洗"的地方，许许多多为穷困孩子们求知若渴的心"点灯的人"，他们的光辉，也必会照到大学来。

因为他们是大学里的我们的同行。他们是我们的镜子——背面不是水银，而是教育的诗性。它一照我们，我们就愿更敬业一些……

学生是一面镜子

◇ **赵宪宇**

我老是觉得如果学生有什么不当的地方，教师要首先从自己身上找原因。

还是在我刚刚工作三四年的时候，我教的一个学生考上了大学，过年了给我寄来了一张明信片，上边写着"祝您长寿！"我当时只有二十几岁，还没有结婚，显然是很不得体的。不少人说这位学生真不知道是怎样考上大学的，连一般得体的语言都不会用，我也是有这样的感觉。但再一想，这不完全是学生的过错。我是一个语文老师，我教的学生写这样的话，应该是我的语文教得太不好了。学生的心情是可以理解的，老师应该感谢，但他的感谢却使我感到了惭愧。许多的报道都说大学生特别是理科的大学生语文一般都不好，中学里的语文教师真有推脱不了的责任，学生何错之有。还有人老是埋怨学生的文言水平太低，看看我们的语文老师就清楚了，现在的语文老师"之乎者也"的功底实在是不敢让人高看的。

曾记得看过一幅漫画，说是一个教室里，学生开始来上学的时候，有的是方形头，有的是圆形头，也有的是三角形的头，总之都是带着各种不同形状的头来的。但等到三年以后离开教室的时候，都变成了圆形的头，原因是老师的头是圆形的。教师的影响可以是从外在到内在的。学生的行为有我们所不认可的地方，但我们首先要想想自己是否有不正确的地方，应该以学生为镜。

你不要埋怨学生没有个性，没有创造力，我们自己做得怎样？

以性格培养性格，以感情培养感情，以知识培养知识。我们有时埋怨现在的学生对教师多有不敬。学生毕业了，见了面也往往不打个招呼，特别是那些成绩好的学生更是见了老师如见路人。学生没有感情，我们呢？我们对学生的感情投入有多少？成绩好的学生要么是我们的应试教育逼出来的，要么是学生本身聪明。我们一样地投入，学生自然也可以认为是自己的大脑争气。我们在功利中进行教学，学生也就不会生活和学习在情感之中。实际上这是我们教育的最大失败，我们应该充分警醒。走向社会的孩子，既要有知识，更要有情感和责任心。有的老师曾进行实验，调查班级的学生有多少孩子知道自己父母的生日，结果是寥寥无几。老师和家长每天关注的是孩子的学习，他们全神贯注在学习上边，哪有时间过问父母的事情，尽管有时间和精力记无数的公式和定理，但就是不记生日。这是我们教育的结果，不要骂孩子。

我经常想，父母亲关心孩子的学习也不能走极端，孩子学习如果成绩不理想，作为家长也应该自省。我们不谈大道理，但一般的情况是尊敬老师、孝敬父母的孩子，学习都应该是积极上进的。也难怪，我们虽说不断进行学习动机的教育，但孩子们还是搞不清楚学习究竟是为了什么，或者说比较的模糊。中小学生往往宏大的理想还没有真正建立起来，而建立自己家庭的观念还很遥远。如果首先培养他们为父母争光而好好学习，可能是最有力的动机。可惜许多家长和老师都放弃了这个途径。我们不要埋怨学生，我们要反思自己，是否要创造更多的机会让孩子对家庭对父母充满感动！

学生的表现是一面镜子，我们可以照见自己。你把学生看成傻子，你就会变成白痴。

二十五个标准

◇ **赵宪宇**

有的学校为了改变传统的评价学生的标准，把"三好"变成了"六好"，甚至"十二好"，甚至是"二十五好"。每一个好，都是一个评价标准派生出来的。一个班级 40 名学生，个个都是"最佳"。最佳表现奖、最佳服务奖、最佳形象奖、最佳运动奖、最佳出勤奖、最佳礼貌奖、最佳学习奖、最佳理解奖等等。

但我曾经作过一次调查：你最喜欢的学生是什么样的？下面是需要教师只能选择一项的时候，按照选择的多少排序的。

学习成绩好，很聪明，尽管有点小脾气；

听话，老实，在任何场合不太爱讲话，老师批评和表扬的时候都是低着头；

有多种才能，特别是文艺才能，做什么都有一手；

总是微笑着，乐于助人。

学习好得到老师的特别青睐，这也是人之常情。老师喜欢学习好的学生，家长也喜欢自己的孩子学习好。但助人为乐，居然到了最后的选择，实在是我们现在评价标准的颠倒。想当年，可能这个因素是大家最重视和欣赏的。

班级里当班长光荣，当学习委员也光荣，其他的班委也是值得羡慕的，但就是劳动委员不吃香，没有人愿意干。现在不叫劳动委员，改成了生活委员或勤务委员等，还是不被看好。于是我想到了，人们的评价标准是很难扭转的，尽管现在许多学校用多个标准来评价学生。据说一个学校用 25 个标准来评选最佳学生，几乎包括了学习生活的方方面面，但实际上在师生的心目中，学习仍然是第一位的。学习第一位并不是坏事，学生本来就是以学习为主的，但帮助别人成了末等的"最佳"总不是正常的现象。

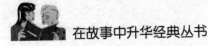

新的价值观不管怎么变，但助人和互助应该是永恒提倡的。

在上个世纪80年代初，《中国青年报》曾经有过一次争论。张华为了救一个农民牺牲了，一个大学生救一个农民是否值得？有的人说不值，论学历农民不识一字，而张华是一个大学生。那时大学生被誉为"天之骄子"、"时代的宠儿"。论年龄张华风华正茂，农民已是人过中年。于是，有不少人大呼不值。实际很简单，主要是什么眼光的问题，也就是什么标准的问题。假如一切以物质的标准，也就是经济的标准，肯定是不值得的。但评价一个人有很多的标准，有经济的，也有精神的，而且更重要的是精神的。假如我们遇见一个溺水者急需救助的时候，我们先在岸上问清年龄大小、学历高低、水平如何等，再决定是否搭救，恐怕人早就淹没了。即使决定去救，恐怕也来不及了。现在往往有许多人见死不救，是否都在盘算物质上的得失呢？

评价一个人应该有许多的标准，但精神还是最重要的。张华为救农民牺牲了，反映了大学生并没有自视高贵，而是勇于献身的高尚品德。当然我们在救助别人的时候，还是要想法保护好自己的。

学校有了25个评价标准，是好现象，是给每一个孩子以机会和鼓励，也是新的科学的评价观。但在众多的评价标准中，具体的实施还是要结合实际，也要科学地融合和综合。培养一个学习优秀者，情操和品德还是要兼顾起来的。助人为乐的学生不一定就学习后进，要让学生全面发展，才是宗旨和最佳标准。

说起标准，我还想多说一些。人的能力往往有互补性，而在评价的时候也往往相应地有一定的互补性。贝多芬是"乐圣"，作品确实伟大和美好。但我们肯定不能排除许多人在欣赏他的音乐的时候，想到了他伟大的毅力和坚强的品德、美好的情感。他终身未娶，双耳失聪，他要"扼住命运的喉咙"，是我们欣赏时一个自然形成的标准。艺术欣赏有艺术的标准，也有其他的标准在提供参照和辅助，比如人本体的标准，除了艺术本身外，还有心理因素、收藏标准等，当然还有传播标准，也不排除经济标准。凡·高的画价值连城，重要的因素当然是艺术价值。但几乎是在一夜之间声誉鹊起的，肯定还有其他的原因。凡·高生前仅卖出了一幅画，还是自己的表哥看他可怜，才买的。生前穷困潦倒，死后却价值暴涨，里面有艺术价值在起重要作用，但也有人是在利用他作品的收藏价值。有的人则是从画家的生平也就是他的特殊身世以及独特的性格等来判断他作品的价值的。纯粹从所谓的"艺术角度"看，秦桧的书法很好，汪精卫的诗文也很豪放，但只要是多一个标准来看他们，就觉得面目丑陋可憎了。

艺术品是这样，生活的其他方面无不如此。否则，我们怎么会有"萝卜白菜各有所爱"的说法呢？为什么我们的生活是五彩斑斓的呢？如果我们的标准太单一，我们就是"生活色盲"，我们就不能体会到人间的复杂和愉悦。如果我们的标准是单行道，我们就会走偏，就会走向畸形。教育更是这样，要有多元的标准，更要有科学整合的标准。

在许多学校纷纷用多种标准和综合标准来评价学生的时候，中国教育学会会长顾明远先生提出了废除"三好"学生评比制度的建议，想必顾先生也认为，本来"三好"就比较狭窄了，再加上评比起来，人们实际上看中的就是"一好"，那就是学习好，所以还不如干脆取消算了。

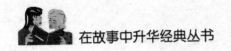

为谁读书

◇ 赵宪宇

读书，现在是一个沉重的话题。

你可以到书店去看一下，买书的都是稚气的孩子，买的都是练习册。偶有几个大人，也多是为孩子来保驾护航的。现在谁在读书？大多是孩子。我们应该感谢孩子，因为他们才使我们的家庭有了一些"书卷气"。大人们在干什么？忙工作，忙赚钱，忙娱乐。现在的社会很浮躁，有各种各样的原因，其实不读书是最大的问题。"腹有诗书气自华"，可很多人只有一副臭皮囊。平常忙，疏于读书，节假日又忙着旅游。许多的人是早已行了万里路，可就是没有读上一卷书。娱乐不是不要，但娱乐的项目，都多少会有一个共同的心理情结，那就是过后都有一种失落感。而静下心来读几本书往往会有满足感，就像是工作有了成绩、生意场上赚了钱一样。

我有一个朋友，他告诉我他在五年级上学的孩子有一句关于读书的话，叫做"书就像是一个魔盒，有着吸引人的强烈魔力。"他说孩子的这句话比高尔基的"书籍是人类进步的阶梯"还好。我开始还没有弄清他的意思，以为是他偏爱自己的孩子。后来想想有道理，因为高尔基说进步的阶梯，是读好的优秀的书。好像还有谁说过，读一本好书，就等于和一个高尚的人对话。现在的孩子究竟是读的什么书？是好的书吗？是有用的书吗？所谓的练习册、考试宝典之类的，很难算是好书。现在的大人又是在读什么书？是在和高尚的人对话吗？倒是有许多人一个劲儿地想和高尚的人对话，想攀附名人和写书的人，但好像是只想对话不想读书。所以你看现在签名售书往往特别的活跃，真不知是为了读书，还是想一睹名人的形貌。书自然是要拿回去的，但目的却是为了那签名。再说，签名售出的书又有多少读的意义和价值？回过头来想想那个孩子的话，确实是很有道理的，低质量的甚或是坏的书，也有魔力。有人读书就是为了寻求一种罪恶，获得制造黑暗的"敲门砖"和技术本领。所以，书不一定是进步的阶梯，也可能是退步的旋梯，当然也有的是为了他用的，比如装潢门面、获得签名等。读书究竟是为了什么，什么人在读，读的是什么书，真应该让社会学家来研究一番了。

一个学生不愿意读书，而家长却一味地让他发愤苦读，结果到了高考的考场上，在作文试卷上，他不写作文写打油诗。诗曰："小子本无才，老子逼着来。白卷交上去，鸭蛋滚下来。"大人可以读书，孩子不读也有他的道理。其实现在的读书多是为了考试而读，功利性太强。孩子读书为考试，成人有读书的也多为考试。上个世纪80年代我的一位老师是教考试学的，他的理论就是：人生就是考试。现在想想他讲得很有道理，或者说很符合现在的实际，但当时我是不很理解的。学习为考试而存在，学习就是累赘和痛苦，学习就是一种附属而不是必须。时下有一句口号很响亮，叫"终身学习"，实际上是等于"终身考试"。大家都知道，为了考试我们是在读什么样的书，又是怎样读书的。不是危言耸听，如果是为了考试而读书，青少年学生是要我们来救救他们的，而我们的成人，也是要救救的。否则，他们有的人也可能成为孔乙己或范进之类。我看有的人读了所谓的"书"，不是成为文人才子，知识和能力没有什么增加，身体和精神倒是受到了摧残。

真正的读书应是一种自觉的生活行为，为心灵读书，为智慧读书，为情感读书。读书还是要少一点功利色彩，一定要抱有什么指向，读书可能是一种负担，成为一种束缚。我绝不是否定读书的动机，也不是否定读书的作用，但我否定现在的读书方式和读书的质量。读书是一种高尚的行为，但前提是要做书的主人。

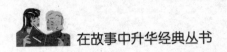

毕业班教师的素质

◇ 赵宪宇

有一个学校在选择高三任课教师的时候，有一个不成文的标准，现在对这个标准进行一个简要的分析。

先看标准，这是一个内定的标准，是一个原则性的标准，我进行了整理和归类。

年龄：30 岁~45 岁，特殊情况也不能超过 55 岁

性别：以女性为主

身体状况：健壮，健康，胖而壮

性格：内向型，牛马型

学历：低学历，略低于达标学历

籍贯：非本地

信仰：高于一般人的荣誉观

教学理念：应试教育高于素质教育

我的理解不一定正确，但有的要求可以是一目了然的，我想主要是延伸的分析。

为什么要这样一个年龄段，因为太年轻了没有经验。考试是要有比较丰富的经验的。可能有人会讲，年纪大的不是更有经验了吗？为什么一般把年龄限制在 45 岁呢？这是许多的经验证明了的，年龄大的老师除了体力不行了，还有一个进取心的问题。一般上了年纪的人，不是说进取心不强，而是他们懂得了孔子所说的"五十而知天命"的圣训，不太追求升学率的问题了，也就是升学的观念淡漠了，再加上前二十年一直进行应试教育的折磨已经身心疲惫了，神情也麻木了，对学生的感染力和号召力也下降了，所以，黄金的应试教育年龄就被限制在这样一个阶段了。当然，并不是说，这个年龄阶段以外的教师就没有用场了，可以让他们去搞素质教育，去搞课程改革。

为什么毕业班的教师要以女性为主。这是许多铁的事实反复证明了的，这个年龄段是女性工作最旺盛的阶段。他们一般完成了恋爱、结婚和生育的

事情，剩下来要干什么，作为教师就是要开展工作。中国的女性向来很有韧劲，这也是鲁迅先生的观点。搞应试教育的人抓住了女性的这个特点，人尽其才。实践证明，在同等条件下，男人们确实要畏女人三分。她们往往是刚柔并济，一般成绩突出的，就是既有女性的温柔，又有男性的刚强。而男人们，多是只知道威猛，少了一种软力量，自然要甘拜下风了。有一位败下阵来的男教师不无感慨地说，不能和女人们搭班，否则必死无疑。

身体健康是起码的要求，健壮也不是过分的追求。有的教育专家就说，教师也是吃青春饭的，应该和码头工人和模特儿一样，青春是最宝贵的。实际上这个专家说错了，靠吃青春饭的主要是在毕业班，在其他年级、在注重素质教育的地方、在没有考试的学段，老、中、青教师都是有用武之地的。应试教育确实需要体力，说教师是脑力劳动，在毕业班的教育中，绝对是只说对了个很小的内涵和外延。

性格内向，是指不要在生活中左顾右盼，要以教室为家，以学生为家人，否则到处去结交三朋四友，搞什么夜生活、早锻炼，还怎么能保证时间一心扑在教学事业上。千万不要找高学历的是一个真理，高学历的有弊病。他们有恃无恐，没有下岗的危机，总是有一种学历优越感，不积极进取。而低学历的，朝不保夕，要通过实绩来证明自己，实绩在中学里就是升学成绩。俗话说，一个人不要命，十个人不敢碰。学历不达标的就会不要命地在教学中死拼，洋枪打不过土炮，"小米加步枪"往往胜过"飞机加大炮"。至于外地人有本事，这也是环境所迫。现在教师流动得比较多，当然能够出来的教师肯定是有点本事的。就像是农民，现在有的人看不起民工的孩子，对他们的孩子总是另眼相看，实际上民工的孩子比我们许多人当年读书的时候智商高多了。我们许多人当时也不过是一般农民的孩子，而现在民工的孩子都应该是农民中的佼佼者。因为凡是出来的农民都是有一定能力的农民，至少是敢闯敢干的农民。我们老是说中国人在外国总是干得不错，这往往就是形势所造就的。让非本地的教师冲在应试教育的第一线，是很好地抓住了教学的人力资源。因为外地人干得和本地人一样的好，也只能算是一般，只有超出一般的水平，才是符合了基本的要求。你说外地人不是应试教育的最佳选择吗？

至于那些没有考试荣誉观的，一味追求素质教育的教师，看来只能远离应试第一线了。

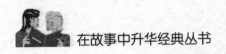

距离社会，教师比学生更远

◇ 赵宪宇

面对社会，教师比学生似乎离得更远。我们要求学生要走向社会，教师呢？却在和社会拉远距离。也许有人说教师本身就是社会中的人，怎么还叫没有走向社会呢？

有一次，一位教师很惊奇地说，自己忽然发现现今的月亮比原来的似乎要大，他大概已经有几个年头没有看月亮了。现在的教师没有时间抬头看月亮，那么是否有时间低头看世界呢？有的教师确实也到了"不知有汉，无论魏晋"的地步了。教师远离社会，有心理的隔膜、有地位的原因，也有传统心理的影响，不愿意和社会上的许多人和事相提并论。更受到工作环境和时间的限制，早晨晚上都是从家庭到学校。路上连拐弯的路也没有时间走。教师不接近现实，一方面是指教师对社会一般事物的不了解，另一方面是指教师对社会时尚的漠视。倒是我们的学生在这些方面走在了教师的前面。但如果教师不积极跟进，就会严重影响到学生走进生活、走进现实。记得当年韩寒弃学从文的时候，在电视上讲了许多社会现象，显然是一个"现实通"，而和他同时被采访的老师对韩寒的这些体验和常识，不屑一顾，甚至显示出对现实中的许多新鲜事物的拒绝、厌弃以及无知。我们且不说韩寒的行为是否值得肯定，但他对生活的理解和常识，确实值得我们思考。我们的教师只需了解书本知识的时代应该说一去不复返了，而如果还在知识的海洋里不到社会的大世界里看看，是完全不能适应新形式的教育要求的。我们不要培养温室里的花朵，可我们的许多教师却是自愿待在温室里，而不愿意走出花房。

也许有人问，怎样才算走进了社会呢？当然肯定不是像"文革"中那样把课堂搬到田野上、工厂里，也不是让教师和工人、农民、商人同吃、同住、同劳动。教师首先要关心社会事物，了解社会的一些时尚，和社会有同步的语言和意识。学校也应该主动给教师提供一些机会，教师也想融入社会，但缺少必要的机会，交往面窄，频率低。教师出去到了社会上，总显拘束和迂腐，这固然与教师的特点和本身的温文尔雅有关，但更多的是与接触社会的稀少有关。教师是社会中人，校园不应是心理的围墙。教育需要教师心理和行为的开放，传统的知识分子形象要反思。教师要以教书为本，但只用文本教书肯定是被社会所不能允许的。为社会培养人才的人，不了解社会是不可想象的。我们不要培养"夫子精神"，而要培养时代的创造人才。

中国的知识分子一向喜欢洁身自好，许多文人都不问时事、不问政治，主张老师要教好学，学生要读好书，"两耳不闻窗外事"。只要有允许放平一张桌子的环境，就要教书。但要知道，时代变了，今非昔比了，社会进步的潮流，应该是对每一个社会中人的洗礼和淘汰。我们要主动融入，自觉接受冲击。

面对社会，和我们的学生一起走进社会生活去发现美好，寻找真谛吧！

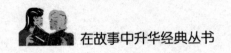
苦涩的转嫁

◇ **赵宪宇**

教育工作中有许多不好的习惯，被人们批评之后，就变成了另一种方式，但却合理并且是让人认可地存在着。这大概就是一种很巧妙的转嫁，但也是很苦涩的。

比如体罚，风声很紧的时候教师是连变相体罚也不敢了。但这种千年留下来的恶习总是一时难以改掉，于是就变成了另一种形式，那就是体罚家长。孩子表现不好了，请家长到学校。孩子还是安然无恙地在教室里和别人平起平坐。而家长轻者接受教育，重的也有训斥。当然一般的家长总是恭恭敬敬地接受老师各种内容和形式的教育，能够捞个座，坐下来就是一个不错的待遇了。原本是老师的一个杀手铜的罚抄现象，现在也变成了另一种表达方式。老师们不在辛苦地进行"陪抄"了，而是作为家庭作业让家长进行监督，还让家长签字。家长签字就是家长的责任和意愿了，似乎与老师和学校没有什么关系。家长签字究竟有什么用，很多人并没有考虑。实际上家长签字除了带有体罚家长和监督孩子的作用外，还是负效应多。一般的家长根本不懂得教育孩子的理论，对孩子的作业更是看不懂，让家长签字意义究竟何在？

也有一种转嫁是很滑稽的，把学校的好多事情转嫁给社会。社会应该有承担青少年教育的责任，但社会承担的内容和方式却是值得认真研究的。有的承担方式似乎就有些不当，比如要求每一所学校聘请一个法制副校长，一般都是由公、检、法部门的领导来担任。他们有没有时间来担任此项工作，倒是一个大问号，且不说在具体的实施中是否能够落实到位了，这明显有着形式主义色彩。学校的学生有了违法犯罪的事情，就请公、检、法来做副校长，那么学校的学生有了其他方面的事情，比如学生不会某项劳动技术，又是否要请农民或工人来做副校长呢？请公、检、法方面的人来做报告是可以的，一定要挂个名头，除了说明学校教育的无能，除了给有关的人士弄点酬劳，可能更多的是如果学生真的犯了什么法，请他们包涵包涵，弄得好的话，还可以包庇包庇。这显然是一种转嫁。转嫁责任，转嫁应有的惩处。

这些都是外在的转嫁，看不见的转嫁也比比皆是。精神的转嫁主要是比如教育行政部门不允许公布分数，那么学校和老师就变着法地让家长知道分数和自己孩子的排名，有的看起来封闭得很严实，实际上学生和家长都一清二楚。中国有个特点，学校在运用的时候得心应手，就是越是不让知道的事人们知道得也就越清楚，而且大家也会更加重视。这样无形中更抬高了分数的重要性，同时也使老师和学校显得更加重要和值得仰慕。

转嫁，不是坏事情，但关键是要进行良性的转嫁。比如合理地分解学校的教育负担，大家都可以承担起应有的教育责任。学校主要管好在校的时间，家长更要管好家庭的教育，同时家长和学校要加强联系，给孩子一个自由的空间，但却又是一个良好的空间。

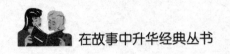

"百年树人"的错觉

◇ 赵宪宇

教育界有一句经常听到的话，叫"十年树木，百年树人"。这个说法肯定是没有错的，但在实行中，往往有一些错觉。我想在这里提个醒，也许是多余的。

错觉一：可能不注意小事情的教育。为什么？因为既然是"百年树人"，那么关键是要解决根本的问题，要解决关系到学生发展方向的问题，所以许多的教育都是站得高看得远的教育，都是根本的教育。比如为谁学习的问题，有为国家的，有为社会制度的，也有为民族的，更有为未来的，但都好像不是为自己的。不知道细小的事情能成就大的教育作用。就像有的人对生命的比喻，生命是根本性的问题，没有不珍惜自己生命的，但却很少有人珍惜自己的时间。要命是绝对不行的，但要时间是非常不吝惜的。

错觉二：可能不注意始于足下的问题。既然是"百年树人"了，那么就放眼长远了，往往没有"只争朝夕"的精神，所以有的教育内容没有完成，没有关系，小学过了，还有中学和大学，反正是终身教育。但就是一个小的习惯，可能是一辈子都没有养成。现在出现的情况，往往是一个学段埋怨一个学段。中学说小学不好，大学说中学不好。到了社会，某个人有问题，社会上也会埋怨都是在学校没有接受好教育。其实，每一个时段都有自己的教育内容和任务，而我们在这个问题上存在很大的漏洞。

错觉三：可能会混淆"树人"的主体问题。既然是"百年树人"，好像是栽树和修剪枝叶，永远是园丁的事情，是教师的事情。修养性情，更重要的是要靠自己的学习和坚持。我们经常说学习知识，不能由教师来一味地灌输，那么获得良好的品行，尤其是终生受用的品行，更需要学生内在的吸收和锤炼。我们的教师不是牧师，不是救世主，"百年树人"，教师的角色定位更要准确。

错觉四：可能会有"蓦然回首"的期望。"百年树人"不能一蹴而就，但也不是说到了一定的时候，就可以"蓦然回首，那人却在灯火阑珊处"的。一步一步成就品行，今天的修行，并不是今是而昨非的。也不是像孔子一样，30 岁、40 岁怎样，50 岁、60 岁又怎样，那样的线条分明。人的品行也是与时俱进的，今天要学习、要培养，不能说明今天就是道德不良，更不是说一到了某个年龄阶段就豁然开朗了。如果有这样的错觉，就很容易老是把学生当成道德不良者进行教育。从进校到离校，似乎学生都是有问题的。再说，我们的品德教育也存在很明显的理想化倾向，总觉得没有成功教育的那一天，总缺少符合"百年树人"所要求的那种境界。

"百年树人"的观念已经很久了，我们在这样的说法面前往往不敢有自己的想法和创意。这既不符合事实，也不符合当初提出这个理念的初衷和本义。

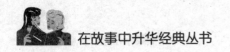

站着读还是跪着读

◇ 陈四益

我最怕读"圣人"写的书，就像我最怕同"圣人"或"准圣人"，谈话一样。

老友晤对，促膝谈心，是很惬意的事，可以倾听，可以受教，可以辩难，可以反诘，哪怕争得脸红脖子粗，都无碍于友情，因为相互之间是平等的。同"圣人"或"准圣人"谈话就不一样了。他是"圣人"，什么都对，句句是真理。你呢，只有唯唯诺诺，洗耳恭听，还要时不时地恭维几句，从心理上就有一种压迫感。何况，既然真理在他手里，你就再没有思考的余地。剃头挑子，一头热乎，这样的谈话，实在没趣。

读书，也如谈话，是一种心灵的交流。在大学学习时，一位老师对我说，读古人的书，同古人交朋友，是最没有危险的，因为古人不会同你争辩，不会告密，不会搬弄是非。我想，这话自有他的一份经验、一份道理。但是，也并不尽然。如果你读的是"圣人"之书呢？那就同样会有一种压迫感。因为社会已经将他封为"圣人"，将他的话奉为圭臬。你理解的要照办，不理解的也要照办，否则就是"非圣"，"非圣"就要杀头。这样的书读起来岂不扫兴？魏晋时代的嵇康，因为一句"非汤武而薄周孔"，让人抓住了辫子，丢掉了脑袋；明代的李卓吾，因为不赞成"以孔子之是非为是非"终于被加上"敢倡乱道，诬世惑民"的罪名，被迫害致死，都是现成的例子。所以，相沿成习的办法是，对"圣人"之书，跪着读。跪着读，当然保险，但也就此禁锢了思想。中国历来多陋儒，盖缘于此。

然而，也有例外，虽是凤毛麟角，却闪耀着不灭的光辉。汉代的王充，便是杰出的一个。单看他《论衡》中《问孔》、《刺孟》的篇名，就叫人提神。

"世儒学者，好信师而是古，以为贤圣所言皆无非，专精讲习，不知难问。夫贤圣下笔造文，用意详审，尚未可谓尽得实，况仓猝吐言，安能皆是？"

"追难孔子，何伤于义"、"伐孔子之说，何逆于理？"

这几句理直气壮的话，令人神往。当然，王充生活的时代，孔学还没有被神化得那么至高无上，所以他也还没有因此掉脑袋。到了后世，能够含含糊糊地说"于不疑处有疑，方是进矣"之类的话，也就很不容易了。更多的人，只能打着"圣人"的旗号，塞入自家的货色，大抵是跪着造反。

不但孔、孟这些钦定"圣人"，谁也不敢雌黄月旦，流风所被，就是一些行业圣人，也往往令人噤若寒蝉。

譬如杜甫，确实写了许多好诗，但任何一个诗人，哪怕是极伟大的诗人，也难免会有败笔。但是，一旦杜甫被称作"诗圣"，他也便沾上了点圣人气。说到杜诗，大抵很少敢有不敬之辞。

不过，也有例外。

手头有一部《杜工部集》，是粤东翰墨园光绪年间刊印的五家评本。印工虽也精致，但并不是什么古本、善本。所谓"五家"，是指王洲、王遵岩、王阮亭、宋牧仲、邵子湘。各家评语，分别以紫、蓝、朱、黄、绿几种颜色套印。它的好处，在于评点诸家，有站着读的勇气，没有只磕头不说话的陋腐气，不时会有"不成句"、"亦无意味"、"不见佳"、"亦不好"、"不足诵也"之类的评语跃出。

杜甫有一首《徐卿二子歌》，是夸奖那位做官的徐先生的两个儿子的。诗中说，"君不见，徐卿二子生绝奇，感应吉梦相追随。孔子释氏亲抱送，并是天上麟麟儿……吾知徐公百不忧，积善衮衮生公侯。丈夫生儿有如此二雏者，各位岂肯卑微休。"

夸奖人家的儿子到如此肉麻的地步，真让人想不到是出于"诗圣"之手。我不由想起鲁迅的《立论》。杜大诗人同鲁迅笔下那些许诺人家孩子会发财、会做大官的庸夫俗子有何二致？对于杜甫这首诗，邵子湘的评语是"如此诗乃不免俗耳"。王洲的评语是"少地步"——吹捧过头了。

能够坦率地指出杜甫庸俗的一面，真也难为他们了。

我丝毫不想贬低杜诗的成就，但过去时代的伟大人物，常常既有其伟大

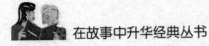
崇高的一面，又有其庸俗浅陋的一面。只有顾及全人，才能有正确的认识。而要顾及全人，跪着读是不行的。

杜甫的另一首诗《杜鹃》，起首便是"西川有杜鹃，东川无杜鹃。涪万无杜鹃，去安有杜鹃。"五家的评语各呈所见，煞是好看。

邵子湘说："古拙。乐府有此法，不害大家。"诚然，乐府确有此法。"鱼戏莲叶东，鱼戏莲叶西，鱼戏莲叶南，鱼戏莲叶北"即为此类。

宋牧仲的评语却是："然诗实不佳"。

王遵岩也有相类的看法："断不可为训。"

王阮亭则从另一角度说："兴观群怨，读此恍然有得。"

歧见迭出，各出手眼，正是站着读的好处。后人读着这些见仁见智的评语实在比千篇一律的颂扬要有味得多，因为它能启人心智。

今天读书，当然有更好的条件。因为读书而产生不同的见解，因为不同的见解而被杀头的事，大约不致再有了吧。但是，跪着读的心枋似未能扫除。自己喜欢跪着读，也不许别人站着读的人和事也并未绝迹。这也是叫人很觉扫兴的事。

什么是良好的教育

◇ 肖　川

　　我能想到的最重要、最有价值的事情，莫过于受到良好的教育。因为，只有良好的教育才能使我们秉有渊深的知识、清明的才智、通达的性情、宽广的胸怀和高贵的教养。

　　理想总是高于且先于现实而存在的。没有对于什么是良好教育的理想，没有某种关于受过教育的人的理想，我们就无法从事教育。教育正是牵涉于理想与现实之间的、具有鲜明的价值指向的潜能的唤醒，浸淫于"文化—心理"之间的精神创生。真正的教育使得一个人易于被领导与合作，而难以被奴役和盘剥。

　　那么，什么是良好的教育呢？也许我们很难给予它一个周全的描述，但我们可以肯定地说：如果一个人从来没有感受过人性光辉的沐浴，从来没有走进过一个丰富而美好的精神世界；如果一个人从来没有读到过一本令他（她）激动不已、百读不厌的读物，从来没有苦苦地思索过某一个问题；如果一个人从来没有经历过一个令他（她）乐此不疲、废寝忘食的活动领域，从来没有过一次刻骨铭心的经历和体验；如果一个人从来没有对自然界的多样与和谐产生过深深的敬畏，从来没有对人类创造的灿烂文化发出过由衷的赞叹……那么，他（她）就没有受到过真正的、良好的教育。

　　对于所有头脑和心地都很"正直"的人们来说，大概都不难达成这样的共识：不论是家人之间纯美的至爱亲情，还是亲朋故友之间诚挚的友谊；也不论是师生之间的倾情给予，还是陌生人之间默默无言的相互关爱，都能给我们的心灵以温馨的慰藉，给平淡的日子以清新明丽的感动。在教育中，如果我们能用心去营造一种充满真情与关爱的氛围，良好的教育就有了最切实的保障。

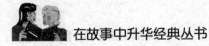

而凡是教师缺乏爱的地方，无论品格还是智慧，都不能充分地或自由地发展。没有任何真正的教育是可以建立在轻蔑与敌视之上的，也没有任何一种真正的教育可以依靠惩罚与制裁来实现。真正的教育只能建立在尊重与信任的基础上，建立在宽容与乐观的期待上。真正的教育存在于人与人心灵距离最短的时刻，存在于无言的感动之中。让年青一代在人性的光辉里，拥有一个关怀的人生，这应是良好教育努力达成的一个目标。

书籍是人类文明不灭的火种，是人类走向光明与真实境界的灯烛。"没有一艘船像一本书/也没有一匹骏马/能像一页跳跃的诗行/把人带向远方"（狄金森语）。正如苏霍姆林斯基所告诫我们的："启发智慧和鼓舞人心的书往往决定一个人的前途。学校首先是书籍。"在书籍中，智慧老人展示给我们的是历史的镜鉴、生命的律则和文明战胜野蛮的曲折。人是理性的动物。"未经审察的人生是没有价值的"（苏格拉底语），你真正的生命是你的思想。对某一问题不倦的探究，是个体成长所必经的心路历程，也只有在理性的基础上才能确立自主的尊严。

如果成长中的青少年没有对某一项活动较为持久的投入和倾注，如果对一切都只是浅表性的接触，那么，心灵的疆域就不能得以拓展，也不能生发出良好的责任意识和责任能力。中国古训中所谓"纸上得来终觉浅，绝知此事要躬行"、"纸上得来终觉浅，心中悟出始知深"，前者强调的是活动、实践、躬行对于知识的领会与掌握的意义；后者强调的是"悟"，即个体经验的激活在理解、吸收、建构和掌握知识过程中的意义。没有比较丰富、深刻的体验来积淀形成一定的经验背景，"悟"就不易甚至不能产生。因为理解活动并非某种纯粹的智力活动，而是人的整个生存活动的一部分。

大自然的奇妙景观，不仅给人们以美的陶冶，也给人们以智慧的启迪，"千江有水千江月，万里无云万里天"，即使一片普普通通的树叶，一方平平淡淡的晴空，一场罕见的瑞雪，一次壮观的海潮，都能给予我们以绵密的哲学理趣、迷人的艺术灵光。让孩子们领略到自然界的多样与和谐，并由此产生惊异感，从而增进人与自然之间的亲和与交融，这是完美教育不可或缺的要素。

教育是文化传递与文化传播的过程。文化是人类本质力量的确证与表征。在宇宙学的参考日历上，人类出现至今的这段时间还不到一天的1/1440。然而，就在这段似乎微不足道的时间内，人类创造了繁荣、灿烂、富丽的物质文化，纵横交织、井然有序的制度文化，千姿百态、深邃精湛、幽邈纤细、意蕴丰赡的精神文化。作为人类的一员，我们每个人都应该为这些感到自豪。这种自豪感是参与分享人类精神财富和进行新创造的强大动力。

真正幸福的人，是过着值得尊敬和真正人的生活的人，是精神上和物质上都很富有的人，"富有的人同时就是需要有完整的人的生命表现的人"（马克思语）。学会过美好的生活，使每一个学生都成为能够创造幸福生活的人，这是完美教育的鹄的。因为个人的自由、群体的和谐、社会的公正、人类的福祉与尊严，全系于良好的教育。

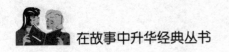
教师是什么"领"

◇ 赵宪宇

现在是以"领"来给人分行业和身份的时代。白领、蓝领、灰领、金领、粉领等等。我就在想，教师属于什么"领"呢？

按脑力劳动来划分，教师应该是属于白领。但教师自己不承认，社会上也没有这个共识。如果硬性地说教师是白领，那也只能是低级白领。因为现在蓝领也已经有了高级和低级的区别，有一定技术的技术工人往往被称作"高级蓝领"。我想低级白领和高级蓝领应该是很接近的。所以教师是很难认定的。如果仅仅从领子上来区分，教师肯定不是有钱的金领，更不是青春的粉领。但如果有人说教师可能是属于灰领的话，倒是不能轻易摇头说"不"的。

是什么"领"，可能是一般笼统的分类。应该说在任何一个行业里，都不是绝对能分清楚的。说教师是灰领当然不是教师职业的特征，而主要是许多教师把自己的职业做成了灰领。当然并不是说灰领就一定是个贬义词，灰领的工作就低人一等，但教师的职业特点做成了机械运动和简单劳动或者是体力劳动，肯定是背离了教师的职业宗旨和特点的。

教师有一本教材，连续教过几次，就成了"熟练工"了。如果不进行必要的脑力劳动，不进行教学研究，那就不是脑力劳动了。因为有的老教师就是不问对象、不讲效果，多少年来就是一本教案走到底的，根本不需要动脑筋了，你说这是什么白领呢？有的教师还说我还要备什么课，教材中的哪一页是什么内容我都清清楚楚了。但他不知道学生是陌生的，光有教师的清楚用处是不大的，时间长了形成思维定势，反而是一种束缚。现在许多地方主要是应试教育，就是做题，做题，再做题，完全是机械劳动，也基本上是拼体力。教师拉长时间、增加强度，哪还有时间顾上"领子"是"白"是

"蓝"还是"灰"。

按工作把人分成类别，也不是完全没有道理的。但教师究竟属于什么类别，确实值得我们思考。教师要减轻自己的压力，尤其是不能只拼体力、只拼时间。说到这里，想到了过去衡量人劳动的标准。在体力劳动为主的时代，一个人能力的大小是看饭量的。两个人去聘任一个职位，能吃三碗的留下来，而吃两碗的就要走人了。不知现在学校选择教师是如何的标准，但论性别、论身板、论"饭量"的现象可能还是比较普遍的。

想想西方人把人从衣领的角度来分还是有一定的科学依据的，它不仅是从外在分清楚了，而且与内在还有一定的联系。不像我们过去，大都是从脚上和头上分。从脚上分，主要是从脚的大小，特别是女人，脚小是一种美，越小地位越高，大脚只能是为人所不耻。有一个大脚女人说自己的脚也小，别人嘲笑她是"三寸金莲横着量"。可是仅从脚上区分，就可以有空子钻了。有的人就一定把自己的脚弄小，结果从脚的大小上看，是达到了高的层次了，而从干活的角度上看，就不符合劳动者身份的实际了。现在我们中的许多人也有这种倾向，但自己却不知道。再说说我们的头，头上的帽子是决定身份的，可是有的人不管能力大小捞到一顶官帽就是到了几品几级了。纯粹看头，也不行。人们可以美发，可以整容，可以改头换面。所以看来看去，还是领子真实，人不能没有领子，领子见证颜色。

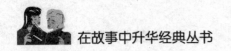

唤醒教育

◇ 刘国营

教育是什么？到底是什么？众说纷纭！有人说教育是对自我和他人的一种提升，有人说教育是一种职业。我觉得哪种说法都有道理，但是我们是否应该考虑教育应该回归到做人的根本上去？

我带的是中学各类学科中档次最低的学科——地理。记得自己刚进入"教育"这一行的时候，除了激情壮志外，满心地希望从自己开始，学生能把地理像语文、数学一样地学习、对待！但是两年之后，我发现自己的这个想法是多么愚蠢！于是我把自己的"教育"的目标锁定在"忘却知识后那种感觉"上：我在新学期，对着新一届高一的新生提出了我的愿望："地理学科不是纯粹的工具学科，有的同学在高二之后就再也不会学习地理了，那么我希望在我们相处的一年的时间里面，在同学们上的所有课当中，地理不是你感到最难过的一门学科；在所有的学科中，地理不是你认为最难学的一门学科；在所有的学科中，地理不是你最先忘却的一门学科；在你将来忘却的老师中，我不是你最先一个遗忘的；当你回想起地理时，你的嘴角会不由自主地浮起一丝微笑！"

我们每个人都应该深思，学生读了三年高中，毕业后留下的是什么！我清楚地记得自己高中毕业时的誓言：这辈子我再也不想学习了！虽然很快我就违背了自己的誓言，但是我大学前两年都是虚度的，直到大三才觉醒！所以当我发现我不能让学生像学习语文、数学那样认真、拼命地学习地理时，我就退而求其次，希望学生在毕业时千万别像我一样，对学习留下的是憎恨！

我已经带了两届高三的必修地理，每个班每周只需上一节课，这样的科目，几乎没有一个老师认真上，也几乎没有一个学生是认真地学！我还是本着自己"教育是唤醒"的想法，争取每节课都对学生有所启发。我对学生讲得最多的一个理论就是：你认为人和人最显著的差别是什么？学生的讲法各异，有的说是金钱有的说是感情。我说，我认为是善良！善良是一个人最基础的本色！我们的人生再精彩，都需要善良做底稿，否则对社会的危害和个人的智商及能力成正比！

随着我对教育的感情逐日深厚，我日益觉得，教育是唤醒：唤醒学生对知识的渴望、对生活的勇气；唤醒学生生命中最软弱的善良！

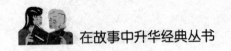

你知道学生喜欢你吗?

◇ 刘国营

记得上次元旦晚会的时候，我到教室后，班里的活动已经开始了。一进门，就有学生喊我，说我的位置已经预留好了，在"最佳观众席"上。等我坐定后，发现王扬扬好像很害羞似的坐在旁边。

王扬扬平时的学习好像不是很用功，他的数学每次都是班里最低的，数学老师已经找我说了好几次了！我本来也想找他好好谈谈，刺激刺激他，希望能把他唤醒。那是上个学期期末的时候，在"自省"里有个同学写到："王扬扬最近努力很多了，中午几乎不休息了，别人在玩的时候他也在看书。他在宿舍里说：'我总不能数学老考倒数第一吧！'"于是我就在"自省"里鼓励了他一番，甚至在一些公开场合也表扬他。

他是我们班的电教委员，教室里的电视机、电脑、投影仪等都属于他负责。从高二到现在，在这方面，我们班几乎还没有遇到过什么障碍。凡是电教器材出了问题，他总是积极地去找相关老师修理好。

他还有一个本事，就是喜欢编故事。如果你看他的作文，经常可以看到他写的一个个像小小说一样的小故事，还挺精彩的！他还喜欢看漫画书，喜欢打篮球，甚至有时候早上身体还不舒服，下午体育课还是去打球了！他家里的经济状况也不是太好，有一个姐姐刚考上大学，学费很多。我也私下听班长说，他有一次买了一双新运动鞋，就好几天不吃零食，甚至饭菜也吃得很少。我只能在不伤害孩子自尊的前提下给他提供一些帮助：帮他联系勤工俭学的岗位，让他学杂费尽量晚交。

所以，在我的印象里，王扬扬，我们10班的电教委员，是个有点憨厚、又有点调皮，有点聪明、又有点糊涂的孩子，虽然我们的交流不是很多。

所以全班52个学生，只有他一个，我不是喊全称"王扬扬"，而是喊他"扬扬"。

那天节目进行的过程中，有三个细节我记得很清楚。一个是学生给了我一颗糖，我说自己吃甜的会牙疼，就顺手给了旁边的扬扬。有点害羞的扬扬吃了后，脸更红了。原来那颗糖特酸，学生本来想捉弄我一下的！

再就是学生在玩"疯"了后，把一些喷雾的泡沫等喷了我一头，我自己手忙脚乱地正在清理的时候，扬扬不声不响地在后面帮我把头上和衣服上的东西拿掉。

第三个细节是后来扬扬还是红着脸对我说："刘老师，你还记得高一时候你在我们班说，你要在我们班认识3个人，最后一个就是我！"

我记起来了，那还是2002年9月初，由于另外一个地理老师（也就是我爱人）生病，我一个人上6个班的高一地理，再加上3个班的高二地理，一周28节课！记得上完一周后，我是一点声音也发不出来了。因为高一学生刚接触地理，兴趣是十分重要的，所以我还是坚持每节高一的课都上完、上好。我记得那时高一的学生是最好逗的，我可能在临时代课的几个班说过要认识几个同学的话，当时是为了调动气氛，没有想到，扬扬竟然记了两年！

当时，在惭愧、激动的同时，我深深地感到骄傲。我为自己的话能有学生记得这么牢固而高兴，又为自己没有放弃10班53个学生而自豪。

我也知道，自己以后会经常问："你知道学生喜欢你吗?"

链接："教育在线"网友一生守候的回贴：

我知道，每当我走进教室，学生们都笑盈盈地看着我时，我知道学生喜欢我；

我知道，每当我向学生问候后，教室里响起学生整齐而响亮的回礼时，我知道学生喜欢我；

我知道，每当我拍拍学生的肩，摸摸学生的头，学生没有拂开我的手时，我知道学生喜欢我；

我知道，每当我出差回来，学生们争着上来搂着我（包括一些男孩）时，我知道学生喜欢我；

我知道，每当我打开学生的周记，读着他们"小秘密"和他们的烦恼时，我知道学生喜欢我；

我知道，每当我"教育"完学生，学生都能诚恳地说一声"谢谢老师，老师再见"时，我知道学生喜欢我。

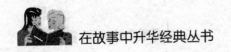

将教育进行到底

◇ 赵宪宇

我想举两个似乎不很关联的例子。

明朝末年，史学家谈迁经过 20 多年呕心沥血的写作，终于完成了明朝编年史《国榷》。但不幸却在一天夜里，被小偷当作钱物偷走，从此这些珍贵的稿子就下落不明了。这对年过六旬、两鬓已开始发白的谈迁来说，真是无情的重创。但他很快就从痛苦中崛起，下决心再从头撰写这部史书。继续奋斗多年后，又一部《国榷》重新诞生了。新的《国榷》共 108 卷，内容比原先的更加翔实精彩。

英国史学家卡莱尔也遭遇过类似谈迁的厄运。卡莱尔经过多年的艰辛耕耘，终于完成了《法国大革命史》的全部文稿，他将这部巨著的底稿全部拿给自己最信赖的朋友米尔，请米尔提出宝贵的意见。不料米尔的女佣却把书稿当成废纸，丢进火炉里化成了灰烬。卡莱尔在突如其来的打击面前异常沮丧，但他还是振作起来，又从头开始了一次漫长艰辛的写作。我们现在读到的《法国大革命史》，便是卡莱尔第二次写作的成果。

我们经常赞叹某个作家的作品花费了多少年的心血写就，有的甚至是耗费了终生时光，但这两位的行为，更是让人佩服得透不过气来。有很多东西也许可以总结，但我最为钦佩的就是他们的信念。做一件事情，不管有多大的挫折，都要去做成功。

我有个怪毛病，虽不是有意，但还是要把一些事情和我们的教育工作联系起来。

学生，也许某种意义上有教师作品的特征。一个学生经过我们的反复教育，本以为他可以变成我们理想中的好学生，可是他又犯错了，又有严重违纪表现了。这个时候，我们是厌倦、放弃，还是从头再来？可能很多人选择的是放弃，叫"孺子不可教"了。教育也要有很强的信念，也许我们离成功很近了，也许我们重新再来一次，就会有很好的结果。但很多情况下，选择的是放弃。最近，听说浙江省教育部门有一个新的规定，取消勒令退学，取消开除学籍。原因很简单，学校就是教育青少年的地方，他们有了错误，哪怕是很严重的错误，如果没有触犯法律、没有判刑，就不能把他们赶出校园，学校和老师就有继续教育的责任和义务。如果把这样的学生推向社会，情况可能更糟，是对学生、家长和社会不负责任的表现。留在学校继续教育，是一个很好的规定，要负起这个责任需要坚定一个教育信念，那就是把到悬崖边上的孩子拉回来，拉到一个合格和出色的标准里来。如果他们的转变叫做"浪子回头"，那教师应该就是承载他们的大船，是他们停靠的水岸。这也有重新再来的意味，教育工作者就是要坚定地把工作进行到底，要把没有写完的作品写完、写好。

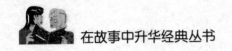

"名师工程"还是"园丁工程"

◇ 赵宪宇

一个学校总共不过一百多个教师，在加强教师队伍建设的今天，也迎着时尚喊起了"名师工程"。经过一段时间的塑造，也确实有的教师逐渐变得有"名"起来了。评先进、晋级、提升基本上集中在少数几个教师身上。这些教师可以说确实是学校的骨干，但荣誉和名利有意识地集中在他们身上，多了就是名师了吗？

过不了多长时间，新的问题出现了，他们在成名的道路上，会有更高的要求，但名利也不能老是在他们身上，再说他们集各种荣誉于一身，翅膀硬了，马上觉得你的庙小了，或者说你提供的荣誉层次低了，结果就会择高枝而栖。不是我们的荣誉一定要"排排坐，吃果果"。工作确实是大家做的，教育是一个系统和综合性的工作，这中间离不开骨干教师，实际上任何工作都离不开骨干的力量，但确实有地方人为地强化了骨干教师的影响力。有的人一直高喊要加快培养名师。名师要培养，但不是靠包装、靠有意地揠苗助长。真正的名师是在教育教学实际中成长起来的，更重要的是教师本人的内涵发展，需要教师本人苦练内功。名师是在教师群体水平提高的基础上产生的。一味地靠行政培植、靠荣誉加身，恐怕不是真正的名师，教师也不信服。顶多算是有名誉的教师，产生的名师效应就可想而知了。

有的学校在"名师工程"受到挫折以后，往往产生两种思想意识：一种就是干脆放弃，不少学校的管理者就说，没有办法，培养出来的教师翅膀硬了，即使是鸭子也要飞的，更别说是凤凰了。所以干脆什么活动，比如教师的竞赛、展示活动，都不让他们参加了，有什么荣誉的名额也轮流享受吧。这样做，是一种因噎废食的做法，是标准的大锅饭，学校的质量还怎么能够提高，教师队伍建设还怎么能够推进？倒是另一种做法值得我们借鉴。不少学校实施的是"园丁工程"，就是培养自己学校的群体骨干。从教师的层次分布上看，确实应该每个学校都有自己的骨干群体。从正态分布的理论看，一个学校的优秀的骨干力量应该在百分之二十以上。除此之外，还可以根据学校的实际把老师分成几个骨干层次，分层培养，从而塑造一批骨干教师。这样才符合广大教师的利益，也符合学校的利益。有批量的教师成才，是我们学校的基本建设目标，也是教育教学质量的需要。

人才流动是正常现象，也是一个趋势。我们不能因为有的教师的离开而放弃教师的培养。教师队伍建设要有规划、要有策略、要有远见，同时还要科学、合理和有效。教师要求成长，我们应该给每一个教师提供机会。人的能力有大小，但只要是不断进步，都是我们所要追求的目标。名师要培养，但更重要的还是要培养众多的园丁，培养每一个追求进取的教师。

有人说，学校的每一堵墙都会说话，都是教育的资源，都需要精心装扮。那么，每一个教师呢？

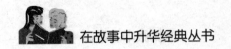

让学生表扬老师

◇ 赵宪宇

参加教师的职称评审，看到有的教师在自己的业务总结里，经常会提到，得到了学生的一致肯定之类的话。更有的老师还津津乐道于学生说的具体肯定的语言，有的干脆说自己是学生称赞的最好的老师。做过老师的人都知道，能够得到学生的肯定，那是很高兴的事情。

但学生会表扬老师吗？他们愿意评价和鼓励我们的老师吗？现实的情况是老师很少能够得到学生们的表扬和鼓励。老师可以表扬学生，学生也需要老师的表扬，怎么能够把表扬变成双向的呢？可能最主要的还是解决一个教学的平等问题。学生对自己的老师即使想由衷地表扬，但也没有机会和胆量，让学生首先知道老师需要表扬是很重要的，其次才是学生要学会如何表扬教师。学生对教师有喜爱的，当然也有不满意的，但让他们把自己的喜爱表现出来，是最重要的。这对教师重要，对学生更为重要。学生喜爱上一个老师，进而会更喜欢这门课程。老师知道自己得到学生的喜欢，就会更加努力，这样的效应力量是不可限量的。学生学会表达，可以是当面的，更可以是书面的；可以是学生自发的行为，也可以是学校和班级的组织行为。但关键是要让学生表达，关键是要让老师知道自己受到喜欢。不要等到学生毕业了，或等到学生事业有成了，才来写回忆性的文章，追说自己的老师有多么的好。当然那样的文章也需要，但现实的表扬，从教育的本身来看，意义可能更大。当然有老师得到表扬，就可能有老师得到批评。但如果处理得当，老师们即使有了问题，也可以知道改正的地方，也可以获得进步，进而也能得到学生的表扬。

学生表扬老师，应该说不是一个新的观念，我们还没有给予足够的关注。至于老师得到学生的表扬，这个教师就一定是个好的教师了吗？当然不能一概而论，还要多方面来衡量。但关键是这种评价的理念要有，这样的评价机制最好要建立起来。有了一定的制度和习惯，学生的表扬就会越来越规范和有效，对教师的评价也就会越来越准确。提倡让学生评价老师、表扬老师，是观念的一种更新，是师生平等的一个基本方式。老师评价学生的时候使学生心花怒放，学生表扬老师的时候，即使老师不外露，心里也肯定是美滋滋的。

但我们拒绝那种廉价的给老师戴高帽式的表扬，不要让人们想起古代的那个笑话。我们学生即使有便宜的帽子，最好一顶也不要卖，一顶也卖不出去。

顺便说一下，学生对老师的评价，不仅仅是由学校组织的量化打分，更要在自然状态下由衷地评价。不要物化的丰碑，只要有口皆碑。

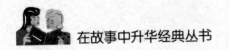

教育需要幽默

◇ 赵宪宇

我们的严肃教育太多了。

说到幽默，就想到了两位幽默大师。一位是林语堂，他说演讲的人最好讲的时间短一些，就像女士的裙子越短越好。另一位是钱钟书，当别人要采访他的时候，他说你已经吃到蛋了，还管这蛋是什么鸡下的干什么呢？智慧机智，充满哲理。我们的教育忘记了幽默的作用，使教师和学生都是正襟危坐，面容板正，不苟言笑。

有一年，一所学校举办演讲比赛。演讲在露天的操场上举行。一个女生上台把稿子放在桌子上，正准备开讲，但那天有些风，正好来了一阵，稿子冲天飞去。学生去抓，无奈清风无情，稿子随风飘走，这是意想不到的事情。继续讲吧，女生显然准备不充分，不能脱稿；不讲吧，下去也难为情。而主持的教师却面无表情，一动不动。这时非常需要我们的教师拿出智慧和幽默，但他没有。女孩子只好语无伦次地结结巴巴地讲下去，我们都很惋惜，这位学生肯定也终生感到遗憾。实际上，教师一个简单的处理就行了。比如，发现她不能演讲下去，就让她表演一个什么节目或唱一支歌，活跃一下气氛。实际上，她本身的特长就是艺术，就是唱歌。最直接的办法就是根据演讲的主题，和学生进行一段有关的对话。既活跃了气氛，又解脱了学生的窘境和紧张。或者说一些轻松的主持词，比如，文章太好了，风儿也动容，奇文共欣赏吗。或者，风就是这样，自古以来就是喜欢看书，不是有"清风不识字，何故乱翻书"的名句吗？老师缺乏幽默，许多是师道尊严在作怪，也有的是正统的教育理念的束缚。倒是我们的学生不乏幽默，只是可能随着我们严肃教育的熏陶，他们的幽默感也会逐渐消退了。要知道，幽默孕育着情感、孕育着创新、孕育着灵感。我曾经教过一个学生，他一心想当歌唱家，可说实话，他真有点五音不全。教育这种执著的学生确实很困难，倒是我的另一个学生很会幽默，解决问题的办法也很机智。他写了一篇小随笔，大意是这样的：有一天早晨，某女生来上早读，走在校外的小树林里，听到了几声狼叫，被吓晕了。查！原来是某某同学在练声。有的同学评价说这是不是带点攻击性的幽默，我说同学之间可以接受。那位音乐爱好者多年后问我，随笔是不是我的设计，我说不是。同学的幽默使他知道了自己的短处，从而也找到了自己的发展优势。

幽默不只等于说说笑话，应包括形体的习惯行为、手势和表情等。鲁迅多年以后还记得藤野先生，当然与藤野先生对他的爱护有关，但与那拖着长声讲的"我就是叫作藤野严九郎的"也脱不了干系的。藤野先生讲课就是抑扬顿挫，这也不失为一种幽默。

我们许多的教育，如果用严肃的方式可能会适得其反。实际上有许多教育人的事情是我们很难用严肃的方法来解决的，幽默的说法往往是一种不可或缺的教育通道。大教育家陈寅恪在西南联大上课的时候，有一个学生在班上睡觉，他就拉开教室的门，对着门卫大声喊："老王，快拿一张床来！"教室里一片笑声。他又对那个学生说，我怕你冻着了，桌子上睡觉也太辛苦。如果是我们有的教师，把他推出门外，或下课后叫到办公室训斥一顿，或干脆就在教室里讽刺批评一通，效果也会有，但哪种更好呢？我们一般的教师通常是拿着书本去拍头，或者用粉笔头砸将过去。

教育要幽默，但也要注意适度，注意得心应手，不要弄巧成拙。

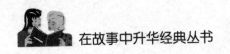
和谁比较是最光辉的

◇ **赵宪宇**

教师是太阳底下最光辉的职业，曾经是从教者的自我安慰，也是领导重视教育的具体表现，更是别的行业的一种窃笑。

和谁比较是最光辉的？是医生，是警察，还是官员？难道他们不光辉？是工人，是农民，还是军人？难道他们不光辉？有最光辉的，也应该有最不光辉的。偷窃者是最不光辉的，但教师肯定不是和他比较才显得最光辉的吧。

教育的现实比原来好多了，但要说很多人是从内心深处爱上了这份职业，教师成了一个吸引力强的行业，恐怕还远不是这样。多少年来，我们也是一直想拉着社会的手，为我们鼓掌，为我们叫好。社会也好像理解我们，专门说好听的让我们听。

教师获得了什么？更多的是口号：太阳底下最光辉的职业、人类灵魂的工程师、教育是百年大计等等，还有很多的口号。教师好像在面子上被给足了，经济上许多倒是没有什么真切的体会，教师始终是一个低收入的阶层。也许社会就是看准了教师的特点，也就是以往所说的知识分子讲面子的传统，君子不言利嘛，光讲名声，教师虽然贫困一些，但觉悟一直没有低下来。社会说教师好教师的地位高，但实际上许多人也很清楚。所以不要说"文革"动乱时，教师首当其冲，就是后来，还经常有一句流行很广的话，镇里的领导对教师说，好好干我提拔你做营业员。当然现在这种事情不会有了，但人们对教师的说法和承诺往往还是口是心非的。原因在什么地方？教师是一个职业，在社会中的作用确实很重要，但所有的职业都重要，每一种职业都有它存在的意义，都应该有它存在的位置和价值。实际上，理智一点想想，就不应该有最光辉的职业之说。

怎样的重要不是别人说了算的，也不是自己的主观愿望所能决定的。我们要想对得起这个职业，得到在社会上应有的地位，或者说想让社会由衷地表达对教师和教育的一种赞同，最关键的还是我们教育自身的问题。

是教师首先看不起自己的职业。一有机会就想从教育行业里跳出去，实际上，也不仅仅是钱的问题，还是认识上的问题，以为教孩子读书，是没有出息的事情。你自己就看不起你自己的事业，还怎能让别人看得起呢？有的人在外边，恐怕被别人喊"老师"的称呼，老师这样贬值，还有什么"光辉"？有的人人过中年了，还想走出教育行业，当然不是去混个营业员做，但也比营业员好不到什么地方。有的老师一直不在专业上有什么进取，老是东张西望，总希望能有机会跳出教育行业，以至于跳出了教育行业就像是跳出了火坑一样。结果跳不出去，专业也受到了影响，往往是几十年的教育生涯，却没有什么长进。再反观，有的教师一到教育工作上来，就开始把教育作为一种事业，积极去进取，很快就获得了进步，成了有名的教师。

说到这里，我想到了我曾经的一位同事。他是和我一年到教育科研部门的，一年后他到学校去做校长，在别人都是情谊绵绵的送别话语后，我说认识他很遗憾。大家都感到我的话奇怪。我解释道，不认识他的时候，我还感到自己很不错，但当我知道这位先生在不到30周岁的时候，就评上了省里的特级教师，成为当时全省最年轻的特级教师时，我的感觉不再存在了。这还不值得我们每个人好好思考一下吗？如果我们一直不想在教育的专业上有所发展，什么时候能有自己的突出成绩，什么时候能获得社会的真正承认？也许一辈子也"光辉"不了的。即使给了阳光，也不能灿烂；即使给了雨露，也不能茁壮。

我们自己不尊重自己的职业，我们自己不发展自己的事业，我们自己看不起自己的工作，怎么还奢想别人来尊重，别人来羡慕？

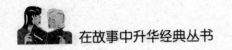

关于磨砺教育

◇ 赵宪宇

我们的教育方式总是有着不严密的地方。比如，我们进行磨砺教育，却使我们的学生有了享福的体会。我们有的学校在设计一次活动的时候目标往往写得很明确，就是培养学生吃苦耐劳的意志品质。结果，我们让学生进行远足、爬山等，学生却兴高采烈，把这样一年才一两次的活动看成过年一般。另外，除了自己进行充分的准备以外，家长对孩子也进行了充分的"武装"，给好钞票，带好吃的等等。孩子们从来也没有那么高兴。我们是在搞磨砺教育吗？学生说这绝不是吃苦，是标准的享福。

学生的体会，自然与我们的教育现状有一定的关系，但更多的问题却是在我们所选择的吃苦教育的方式上。我们以为外出做一次活动就可以达到磨砺教育的目的了。而实际上，学生整天被圈在校园里，巴不得想出去呢！再说，我们总认为磨砺教育可以集中在一两次活动上，或者选择一个项目就可以达到目的。这都是片面的，是出发点有了偏差。任何教育，都是一个长期的渐进的过程，任何教育又都是在生活中潜移默化的。我们经常犯这样的错误，期望思想品德和意志教育可以量化，可以在一天中完成，可以急功近利。实际上，人的思想灵魂的东西，是一个终身修养不断演进的问题。我们要搞一些有意义的活动，但我们不能期望通过一次活动就想达到什么明显的目的，或者希望一个活动，就提出什么一定要达到的目标。我们经常说，有的教师写的教案中的教学目标不科学、不合理，通过一篇课文就想培养学生的爱国主义精神。那么，通过一次活动就想培养学生有什么坚强的品质更是不切实际的。

不仅仅是我们的活动出了问题，我们的课堂教育也有问题。比如我们的劳动技术教育。有一次我去参加一个学校的劳动技术课程的考核工作，看到一个班级进行的劳技考核，是制作钉锤的项目，要求是一节课完成。我问一起参加考核的教研员，这个项目对学生有什么意义，因为现在毕竟不需要再来人工做钉锤了。教研员回答除了一些技术性的要求外，主要的还是培养学生的劳动观念。我很不以为然。我看到一个女学生整整一节课，也没有按照要求把钉锤做好，泪水、汗水和手上的血水一起流。我想她会有什么样的劳动观念，她能热爱劳动吗？如果我们设计得科学一点，让学生既感到劳动的艰辛，同时更知道要努力学习，争取更多的发明创造，让劳动者从繁重艰辛的劳动负担和压力中解放出来，这才是真正的目的。我觉得这比空洞地培养他们热爱劳动的感情更有效。如果我们不改变课程内容和实施方式，不调整目标指向，我们培养的肯定不是爱劳动的人。

我们让学生一直在享福中成长，只让他们在一天里吃苦，他们的感觉就会正好相反。我们想通过不正确的方式锻炼他们的吃苦精神，那只能让他们更加远离吃苦。

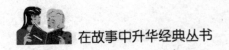

名教师的先见之明

◇ 赵宪宇

我小的时候有一个同学叫"宽带"，那个时候我感到他的名字真难听，但如果他要是现在做教师了，而且是名师的话，他就有炫耀的资本了。因为现在"宽带"是时髦的词语，他会说，我几十年前就知道今天会时兴宽带上网的。

我看到很多名师的自传和介绍，大致都有这样的一些特点。都是热爱教育工作的，从小就想成为光荣的人民教师。结果长大后果然遂了心愿，中途有多少次修改自己人生轨道的机会，都没有动摇。其实呢，是没有办法才上的师范，中间多少次想改行跳槽都没有成功。有的还根本连师范也考不上，只好去做代课教师，然后想尽办法，才正式混到教师岗位上来的。现存有的名师好像都会"主题先行"的办法，自己要搞什么课题、什么教学模式，都是一夜之间产生的，他们最会提炼、加工和整理。有的人突然冒出一个念头，要搞什么流派，就开始从自己从来也没有痕迹的教学经历中找论据，结果一下子就找到了源头，那就是当教师的第一天。从第一天开始就进行了那个所谓的流派和模式实践。轨迹是那样的清楚，思路是那样的清晰，主题是那样的明确，自己真会总结和升华，比别人要领先很多年的。

有的人还让人感到他的先见之明，决不仅仅是个人的教学业务，还有更加宏观的视野。现在进行课程改革，要搞综合实践活动，有的人马上就开始寻找自己走过来的道路，说自己早就开始进行这类课程的设置了。原来的兴趣小组到后来的活动课程，再到后来的校本课程，就是现在的综合实践活动了。这是他们之间有联系，也是课程本身的原因，不是某个人的先见之明。他们这样套近乎，无非是告诉大家，自己是多少年以前，就有现在的新理念了。比先见之明还超前的，就是先知先觉了。

有一位名师讲自己的成功之路，说自己是五个阶段的成长轨迹，说的都是未卜先知的事情。其实当时肯定是糊里糊涂的，后来是硬上纲拔高。一个人不是不可以总结自己，但关键是要实事求是。回头看，如果确有明显的线索，进行概括也未尝不可。但有的本来就是自由状态的教学探索，却硬要讲究什么模式和流派，简直就是欺世盗名。教育需要预测，需要有规划，这连一般人都知道。我们经常说的，一叶知秋，见微知著。农谚里讲的，竹子开花连月旱，天闪无雷不下雨等，都是从过去的经验中得到的真理，但那都是后见之明。现在有的人就会事后诸葛，究竟是出于什么目的，很简单，就是想显得自己高明。

名师，难道仅仅是先见之明吗？

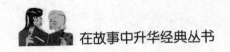

在平淡中建立自尊

◇ 朱永新

发完小文章《学会等待》后，没有想到，当事人，一位农村小学的校长很快看到并且给我留下了这样的短消息：

看了您的《学会等待》，我真的很感动，您能在百忙之中关注我们，我一直存感激之情。其实，从内心来说，我很看淡这次六年级毕业考试的结果，因为不论出现何种结果，我都会坦然面对。至于和其他小学的成绩相比，我有自知之明，这次考试的英语用的是我们的教材。我一直感到欣慰的是，我们的教师通过"新教育实验"，在努力的行动中，可以说走上了专业成长的快车道，我引以自豪的是我们的教师从不喜欢写随笔，到现在到处有随笔在各类报刊上发表，这甚至已引不起我的激情。这种转变，也只有一年多的时间。

目前，我思考得更多的是如何提高师生的人文素养，如何用最佳的手段使我们的师生喜欢书籍，我总是感觉现状不尽如人意。"新教育实验"如果不能将每一个师生引导到书籍的海洋中畅游，这将是一种最大的缺憾。因此，我时时告诫自己，别急，在行动中等待，总会有那么一天的。

我们的语文成绩提高得还很慢，但当我听到"六一"节活动中，我们的中低年级的孩子在流畅地背诵我还是第一次知道的宋词、唐诗的时候，我有信心。

这次"六一"节，金光集团向我们捐赠了 2 万元，我都投入到了购书上，上星期在新华书店，我呆了整整一天，我想用好的书籍去"轰炸"师生，每一本书名，我都过目了，我要用一年的时间来彻底改变学校师生的读书现状。

我不想太张扬，因为我们的底蕴实在太浅，学校文化的积淀非一时所能形成，我想在平淡中建立我们学校的自尊，使本镇的百姓享受到相对不落后的教育。

按道理说，短消息是不应该随便公开的，我之所以把这位校长的短消息公布出来，是因为我认为这位校长的心态非常值得我们学习。我知道，他是放弃了在政府部门的更优厚的待遇而主动要求到小学工作的。他没有太多的企求，就是希望家乡的孩子也能够与城里的孩子一样，接受好的教育；也能够像城里的孩子一样阳光和自尊。我知道，这也是许多乡村学校校长的梦想。

但是，有多少农村的校长能够把梦想变成现实呢？办教育仅仅有梦想和激情还是不够的，还应该有耐心与策略。这位校长知道，学校的发展既需要轰轰烈烈，更需要扎扎实实。真正的教育生活是在平凡、平淡的过程中，仍然能够保持梦想与激情。他对待人才的态度也是令我们感动的，为了引进一位优秀教师，他不知道磨了多少嘴皮。其实，他更知道变化的意义。

更加可贵的是，这位校长知道什么是人文精神。一个农村的校长，不那么急功近利地追求眼前的利益，把有限的资金都用在为老师和孩子们买书上了。是他不知道发一点奖金对于老师的激励作用吗？是他不知道分数对于学校的价值吗？当然不是。但是他懂得学校的尊严应该是学校的价值观的表现，应该是学生的终身可持续的发展。

不知道为什么，我想起了曾经读过的一篇文章，题目是《一个普通的灵魂能够走多远》。这样一个普通校长的灵魂，已经走得如此之远了。这是这个学校的老师与孩子们的幸运，是苏州教育的幸运，也是中国教育的幸运。正是这样的校长，才是中国教育的脊梁，才是中国教育的希望。

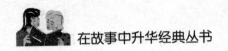

缺少思考的教学

◇ 赵宪宇

中国的教学缺少什么？说法很多，有多少角度，也许就有多少种答案。我的答案是缺少思考。

缺少思考就是缺心眼。读书要思考，思考要有环境。缺少思考的源头可能就是荀子的那句话："吾尝终日而思矣，不如须臾之所学也。"不少人对思考有忌讳，以为思考是懒惰的表现，思考专注的时候会被人认为是不专心、走了神。实际上思考不仅需要外在的安静，也需要内心的平静。许多人都强调静思，钱钟书说读书要的是素心的人，我们的教室里也都是以静为本的。安静是我们追求的一个最重要的学习思考环境。

但我们在追求安静的过程中，有另一个理念在和它发生着矛盾，很多人还往往处理不好。安静和热闹是两极，都是学习的有效环境。但相对于热闹，我们的安静却显得明显的不足。没有安静，就不可能有大面积和系统集中的思考，就是"学而不思"，就要影响学习的质量。学生的课程表排得满满当当，每一节课教师都是大容量讲解。学习的方式现在又是以小组讨论为主，课堂的气氛一定要追求热烈、追求七嘴八舌的局面。学生很少有眉头一皱计上心来的机会。也许有人会说，学生做作业不是独立完成的吗，这个时候可以独立思考了。是的，但教师留的作业可以让学生做到深夜，眼看酸了，手写痛了，完成基本的抄写计算还来不及，哪有时间静下来独自思考，更谈不上个性化的思考了。还有人会说，中小学生的思考应该是零星的、是依附所学知识的，不需要也不可能有什么创造性的思考。这可能是我们现在教育最大的缺陷，就是对学生创造力的误解。以为学生只能是知识的容器，不是创造知识的载体。在这个问题上，已经有很多的人论述了。我们的考试尤其是这样，答案都是教材上的那几点，就是让学生记住就行了。学生不需要提出更多的观点，更不能提出相反的观点。在北京举办的中外大学校长论坛上，大家几乎一致的观点就是，中国的学生缺乏独立思考和敢于挑战的精神。实际上，更深层的问题可能是我们的思维没有空间，没有提出挑战的思维机会。

我们的教育现状是不需要思考的教育。只需要记忆，不需要思考；只需要重复，不需要创造。除了教学方式和方法外，还有思想的原因。思想的问题，直接影响了思考的推进。

有的学生在课堂上稍有思考，就有可能被老师认为是不专心听讲了。什么是学习，思考是最重要的学习；什么是思考，表情参与是关键的表象。我们要向老中医学习，要沉稳，要使慢功，要学会望、闻、问、切。热闹和安静要相结合，把两极处理好了，就能有灵光，就可以产生火花。

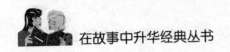

多功能校园文化

◇ 赵宪宇

现在很多学校在校园文化如何发挥其多种教育功能上，存在着很大的误区。他们认为校园文化，无外乎张贴悬挂名人名言、格言警句等，学校的校风、学风、教风等内容也几乎千篇一律都是思想品德教育，而且形式上也显得非常单调。在大力提倡素质教育、推进课程改革的今天，校园文化应在提高学生的综合素质上大做文章，并在注重内容的同时，讲究形式新颖活泼。为此应该注意以下三个方面：

第一，知识性。校园文化不仅仅是古圣今贤的道德说教，它应该包含德育、智育、体育、美育、劳动教育等各个方面的知识内容。我们的校园文化在德育教育方面似乎有些过剩，而其他内容又显得单薄。智育方面可介绍学习的经验、方法，治学的得失利弊和各种文化知识等。体育方面除名人谈体育外，还可以在各种体育设施旁边附设该设施的发展历史、训练方法等说明性文字。美育方面可介绍美育知识、审美技巧，也可介绍美学名篇、美学家等。就连人们一般不太重视的劳动教育也能体现知识性，如介绍一些蔬菜的种植方法，在树木及花坛、草坪旁设计标示某些物种的说明等。尽最大可能挖掘校园文化的人文知识，给学生全面的教育。实际上，在知识中蕴涵思想品德教育，学生更容易接受。

第二，艺术性。首先，内容要多样化。不要一味地板起面孔说教，也要有诙谐幽默的睿思妙语。社会上还知道在不准乱踩草坪和攀折花枝等要求上，用一些委婉温柔艺术的语言，而我们有的学校在一些提示牌上还是那样的生硬和冷冰。"不讲卫生要生病，不讲安全要送命"，放在校园里总觉得不妥。中考、高考了，标语上写着"榜上无名，脚下有路"，总让人感到时态不当。这应该是考试结束后，安慰落榜者的名句，不应放在临场上。其次，形式要丰富。除了较常见的宣传栏、灯箱、牌匾外，也可设计些配有文字说明的精美雕塑、石刻等。凉亭、喷泉边，辅之以优美的诗句就会意境悠远，让人耳目一新，增强艺术感染力。要让学校的每一堵墙都起到文化熏陶的作用，还要在墙的花色品种形式格调上进行适当的修饰和美化的。一扇生锈的门，一堵剥落的墙会说什么话呢？

第三，实用性。要做到这一点，就要搞好三个结合：结合学校实际反映学校特点，结合学生实际，结合设施景点氛围以教育教学效果为评判标准。校园文化建设有浪费现象，有攀比行为，有浮躁心理，有失当表现。可能是受乱建广场、花园、景观大道的影响，有的学校也搞起了"排场工程"。学校是读书的地方，氛围的基调是质朴、品位和书卷。曲径花钱少，比大道更含蓄幽远；砖廊石凳就地取材，比雕花的长廊自然、比镂空的木椅耐坐。

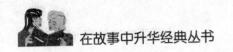

关于教育与良心的对视

◇ 叶新安

　　源于一种不自信，至今我仍不大相信我会是个教师，也不敢想象如此的我除了单纯的教书外能做些什么。对于为什么会报考师范，我的头脑真的一片空白，恍惚的记忆中，并没有亲手填过什么志愿，一切都像是由老师代劳的。那时，上师范对一个初中生来说比现在的高中生上大学更具诱惑和艰辛。而我清楚地记得，我偏科现象非常严重，语文成绩"精彩极了"，数学成绩"糟糕透了"，从小学到初中，数学只有过一次及格，这样的参差不齐，使我只能以仰望的姿势做着园丁梦。可能是老师们看出我除了数学外其他科目所显示出的优势，以为我还算孺子可教，尚有教师相，便动员我放弃中考，复读一年。这在当时是有一定风险的，因为文件规定，复读生不得报考师范。就算是侥幸过关，类似于今日质量万里行的全追踪会一直跟随到学校。就曾经有一个同学入学都两个月了，还是被遣送回家，脸上流着泪，尽是留恋和失意。

　　这样在旧校园里一年的重新温书迎考，还是让我幸运又带着遗憾地走进师范——我的成绩离正取分数线尚有一定距离。我也不知道到底是哪个环节出了差错，我觉得我已经是尽了力。要不是父母费尽心思拉关系走后门，要不是有先辈们曾经抛头颅洒热血留给我们村一个革命老区的光荣称号，我想我是无论如何也无法挤进南安师范预科老区班的。

　　师范在当时绝对热门，我是一条漏网之鱼，饭碗来之不易。师范生涯，是在我的眼泪中开始的，也是在我的眼泪中结束的。我是一个人背着箱子，揣着粮票，带着害怕上路的。我一直认定，师范四年，是我脱胎换骨的四年，我开始蜕变了，生理和心理慢慢走向成熟，从面黄肌瘦到身强体壮，从默默无闻到风光无限，从不懂世事到狡黠老练。我一边接受着系统的训练、正规的教育，一边偷偷摸摸地抽烟、喝酒、恋爱拍拖——即便这样，我还是能在勤学苦练中拥有一手漂亮的字，一身娴熟的球技，一口还算流利的普通话，不错的文学功底，不错的人气指数。我从班级团书记、校篮球队绝对主力到学生会宣传部长，一路走红。这样努力背后的原始动机却有点低俗的猫腻，我并不是为了今后的谋生攒足本钱——那时我觉得教书还很遥远，只是为了能在自己心仪的女孩子面前抬起头，听几句夸奖，如此而已。在那一段近乎成熟却没有成功的恋情中，我没有因为"恋上一个人，就容易失了神"，而是给对方动力，也给自己动力。我曾经就此问题直言不讳地对班主任说过："关于学生谈恋爱，真正需要调整心态的其实是教师。"可惜只有一个教育学老师认同了我的观点。

到现在回想起来还有种遗憾——未能保送进入那一届福建师大历史系。由于名额有限，竞争比较激烈。我在第一轮资格审查就被淘汰，问题在于那该死的音乐成绩只有20分，从一年级挂科到三年级，注定我从一开头就只能是睁着眼睛做梦，还引来众多评审老师一阵阵不怀好意的讪笑，留下一个茶余饭后的谈资和可供反面教育的典型。（到现在我仍对音乐耿耿于怀，我教过小学阶段的所有科目，除了音乐。虽然我很喜欢听歌、唱歌）我很是颓废了一阵，于是我把对师范里教科书的学习兴趣转向课外书籍的阅读——另类的阅读，而且从此一发不可收拾。我迷上了宣永光、李宗吾、柏杨、李敖——我的眼球对文字的搜索和渴望锁定叛逆，锁定挑战。我算是放弃了"阅读道德"而追求一种"阅读快感"，这也是多年来，从事教育的我为什么一直鄙夷那些充斥着中庸化、程序化、公式化、官样化、毫无生机、暮气沉沉、奉旨填词式的教育教学伪论文的原因。令人汗颜的是至今我也没能真正地、系统地阅读过。我怀疑过，当一种有点畸形的摄取心理成为一种阅读习惯时，会不会把我引入歧途呢？越是追问得彻底，越能发现自己的虚弱底色。

毕业了，谈不上有什么对未来的憧憬，好像也没什么值得特别留恋的，只是离别时"伤心太平洋"的场景让我很不争气地跟着落泪了。思念的情绪持续了大概两个月，直到我走上讲台。

可能是和觉悟有关系，当我第一脚跨进教室，并没有像很多老师在师德演讲中所表露出来的那样豪情满怀、壮志在胸，但我很兴奋，虽然脚印只是从一所学校到另一所学校，从一间教室到另一间教室的挪移，却给我一种上

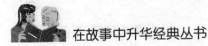

台做了主角的满足和自豪。几年来，我用粉笔和教案打发着属于我的每一个45分钟，生命行走在红笔的勾叉之间，一切都显得自然而然、有条不紊。教书就是教书，在我看来，它更多的只是一个中性词，没有太多个人情感色彩的糅合，既没有很积极地撩起我内心积极的向往，好像也不曾让我很厌恶过。眼前应该是一片在井里看到的天，一种"小富即安"的田园式生活；就像是在散步，漫无目的而悠然自得，工资也在随着年龄的增长按一定比例上升。

我这样盘点着：我没有什么上进之心，没有什么远大理想，没有什么热烈追求，我活得很实在。但有一点必须承认，我讨厌或者说是害怕失败，特别是在大庭广众下的失败。它会威胁到我内心的安全感。时常会有一种无以言状的不祥之感绷紧了我的神经，我得用尽一切方法在竞争中为自身负责。麻烦也常常是由此开始的。

一直有这样一种担心，真诚地说几句心存感激的话，会不会有阿谀奉承的嫌疑。但真的是张文质老师和他的文字打破我的沉寂，唤起我用心灵理解教育。多年以来，我常常在为我的自言自语寻找一个婆家，就像一条鱼在寻找一缸水。偶然的一次阅读到《素质教育博览》（教师版），从那时起，我知道了在远方还有和我语言共振的频段，多少找回点自信，产生了冲动，充满了向往。一篇投石问路的《破茧后教育的羽化成蝶》发表后，我获得了较多机会接近更真实的教育，笔会、交流、研讨，特别是加入黄克剑教授主持的"生命化教育"实验课题，让我知道教育还有为我所不知的、最本真的一面——点化、润泽、成全生命。此时，女儿的出世，让我对生命有了有生以来的首次思考与守望，也让我对教育有了新的企盼。在企盼与守望的视野里，我在反思的絮语中无端地把日子弄得一团糟，无名的忧郁之风吹皱了心灵之湖，一颗心正慢慢敏感起来，敏感带来忧伤，我的忧伤有些难以启齿。

本以为拥有了十项全能的教学基本功，我自己能如鱼得水，同时为学生撑起一片晴朗的天空。我甚至这样自负地想过：能做我的学生，是他们的福气。今天看来，这根本就是一个让自己都脸红的笑话。客观地说，我所缺少的应该不是专业知识和基本技能，而是耐不住教育所需要教学所需要的慢，耐不住教育所需要的婆婆妈妈。现实的生活是很累人的，一个人很容易在无可奈何的焦头烂额中莫名其妙地失去耐性，我也是这样，学生便首当其冲成为我心情垃圾的回收站。我已记不清有多少次用拳头和武力作为最后的外交语言对学生施以暴行。我无法交出这样的控制权，因为一旦交出我就会溃不成军，我必须以绝对的权力掩藏我内心的脆弱和维持为人师者的尊严。那时，我是多么地自鸣得意，我的管理欲望和实际管理能力已穿越班际，渗透到各班，全校学生都在我的掌控之中，不管他们的真面目如何，反正他们在我面前都是恭恭敬敬、规规矩矩、服服帖帖、战战兢兢的，我一个沉重的呼吸都会让很多学生感到害怕，我走过任何一个教室门口，只用一个眼神，就足以让班级鸦雀无声。每当我值日，同事们都说最能睡个安稳觉。在学生之中，我一直能所向披靡。他们畏惧的是我那粗壮的躯干和连笑起来都有点阴的脸。我用这样的暴力对待学生，获得了一个个具体的胜利，但这胜利的果实上充满了杀气。我的行为已经跳出教育者的视线，归为血腥一类。

而事情往往是这样的，种恶因得恶果。《圣经》上有言：凡举刀杀人者，刀必落在自己头上。我的暴行终于引起学生的集体有意识的仇恨和暗地里的抗争。他们在厕所上写上我的名字，并诅咒；他们当面向我敬礼背后向我竖起中指；他们向家长添油加醋地坏我名声，等等。最有讽刺意义的是，有一次，我在打球中伤了膝盖，休息了几天。时近初考，我自觉不能再耽误学生了，当我忍痛拖着还未痊愈的腿一拐一拐走进教室，满以为迎接我的将会是掌声和感激，哪知一位平时颇得我宠爱的女学生说了一句：要是老师两条腿都伤了该多好，不要来上课。

我哑然了，纳闷了，"一颗心拔凉拔凉的"，长此以往，我在为社会主义事业培养建设者和接班人的同时，岂不也在培养着自己的敌人？如同皇帝的新装一样，一切貌似强大的借口都可能被一个简单直接的判断洞穿。外表风光、受人尊敬、值得炫耀的我，在学生眼里竟背负着那么多的罪恶。真是彻底失败，"太伤自尊了"！

当时我不明白为什么我的存在和出现会对学生直接造成负担和威胁，今天，我终于能恍然大悟，的确是有地方出了差错，但可以肯定：错的不是学生。

现在，我也有了女儿，我把我的遗憾、荣光、希望在她身上延续。我很爱她，我对她的爱写进了人类的基因。

对她的爱越深就越心痛。因为目睹、见证也参与了教育中那么多看似绝对正确、基于用心良苦的杀戮，我真的很不放心让她走进校园。特别是今天，当应试教育卷土重来，而且是深得人心、明目张胆地卷土重来时，势利的教育又开始令人心智紊乱，周围的现实又一样开始可怕，新一轮对生命完整性的肢解、对生命灵动性的压抑、对生命独特性的阉割又在华丽的包装下一路高歌猛进。然而，还有比这更可怕的：我们由于"观念上的缺陷，情感上的牵扯，心态上的恐惧，策略上的失误，灵魂上的对应"，有时明知是做错了，却在千方百计地为错的行为寻找积极的伦理意义。像我，摧残的同时还不忘许诺给学生一个可能是遥不可及的美好将来，而忘了他们已经输了现在。

她需要什么样的校园呢？

校园会是她不幸的开始吗？

面对自己如此无理取闹的不自信，也许只能问一问自己了，如果连自己都缺乏直面和回答的勇气，一定是出事了或者是就要出事了。我不能快乐。我的苦痛只有我自己消化了，不是别人不愿意帮忙，而是不能。我自己都快把卑微的身躯蜷缩到尘埃里了。正如我在《因为爱所以爱》一文中自我谴责的那样：

也许没有也许，但我已为可能提前到来的切肤之痛倒吸一口冷气，暴起条条青筋。我无力质问，我苍白，我心虚，因为多年以来，我一直保持着"很高的觉悟"和所谓的教师职责做着一件件对不起学生、危及学生的蠢事，我从不设想也不愿设想被荼毒的是自己或是自己的孩子。现在，当我那亲爱的女儿也将被别人"以其人之道还治于其人之身"地危及时，我才睁开敏感的双眼，小心地刺探，一切仿佛都被彻底看穿，一样的事实令人心寒：随处可见的无动于衷、排挤训斥、践踏惩罚，让他们都没有很舒展地活成自己，在重压与矛盾的罅隙中苦苦寻找着突破的出路。痛是理所当然，然而他们的眼泪我们却无所谓。

我发现我越来越不敢面对女儿了。面对她，总让我在强烈的痛楚中挖掘记忆，尝试着再现出那一个个沉甸甸的名字和苍白的面孔。他们曾是"苟活者"，他们一步一步回头嘲笑我，见识我灵魂里潜藏的暴戾脾性。

我真的再也受不了这样的将心比心了，不敢再这样执著地剥笋般地层层盘问到底。每一次追忆，都会裸露出我的内心交战，我已丧失了诉说的勇气，能够选择的只有对已做过的和正在做的产生怀疑，而后慎重再慎重了。

已经无法再回到昨天了，这样想着，马上就到了明天，为了明天的开始，我愿意忏悔，如果可能，我愿意赎罪。真的，我愿意。

什么是有毒的教育

◇ **赵宪宇**

现在是什么都似乎有毒了。吃的最多，一不留神就中毒了，毒米、毒酒、毒奶粉、毒的良药；住的也有毒了，房子的装饰品、涂料；穿的也有毒了，衣服上一般都有提醒，什么本服装特别经过先进的双重抽湿和冷冻处理，使抗皱化学剂发出的气味以及对人体皮肤引起过敏反应的可能性减到最少等，说明许多衣物确实是也含有毒素的。

我在想，教育有有毒的东西吗？什么是有毒的教育？也许大家可以列举许多，比如，有毒的体罚、有毒的音像制品、有毒的社会环境等，但我认为可能被大家忽略的有毒的地方，应该是表面上看是没有毒的，实质上是剧毒的东西。就像毒大米表面上是很漂亮的，就像假药包装得比真药还精致，就像毒奶粉袋上印的奶牛也十分的可爱。教育上有毒的东西也是很注意外表形象的，具备这样的条件大概莫过于所谓的复习资料了。因为其他的比如黄色的反动的材料，一看便知，只有复习或练习资料，学生必须用，而且似乎表面上还看不出毒性来的。多数情况下，打扮得还富含营养的模样。

练习资料是胡编乱造的，所谓的"经典"、"宝典"，许多都是乳臭未干的刚刚上岗的教师编造的，里面错误百出，笑料成包。学生用这些资料往往没有鉴别，许多老师和家长还误以为多多益善。假的知识，有毒的思维熏染，误入歧途的思想引导，毒性含量肯定是十分高的。不少资料的编写者素质低，推销者也是要钱不要命。再加上教师也要钱不要命的话，那真是五毒俱全了。有谁来约束，有谁来检验，有谁来控制？教科书是一遍一遍地审查，一次次地修改；大量使用的练习资料，几乎成了学生的主餐，它却犹如脱缰的野马。学习结果是什么？很滑稽，往往是用谬误检验谬误，用同种的练习来检验练习、来检测学生的学习成绩。

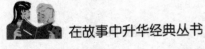

有一次，我到一所可以说是全国闻名的学校，那所学校有多位学生获得了国际奥林匹克学科竞赛金牌。学校的练习资料也是畅销大江南北，被称为"有书的地方，有学生的地方，就是××中学的练习资料存在的地方"。但他们学校的一位教师和我讲，他从来不用自己学校的资料，原因就是要么是年轻教师要么是退到二线的教师要么是外聘的枪手编写的，"质量太差"！

但这些有毒的资料，用处还远不只是在练习上。更为常见的是大型的考试，甚至是升学考试，包括有的国家级的考试，居然也用这样的题目。命题人不动脑筋，做了"文抄公"。这样不仅害了学生，还为有的练习制造者赢得了美名，使恶人扬美名了。有毒的教育毒的是学生，还毒的是许多人的良知，毒的是我们中华民族的命运。学生学了反而不如不学，每天在那里苦苦追求的不是知识，而是毒素，这是何等的悲哀！一些出版社就盯着教辅、盯着练习，只要赚钱，就制造、就生产。美其名曰是精神产品，实际却是精神鸦片。

罂粟的花朵漂亮，但却是让人毁灭的。

错位的教育

◇ 赵宪宇

　　湖南一位教师因为教育学生为了"黄金屋"而学习，为了"颜如玉"而读书，而遭到批评，甚至被解雇。这位教师的做法应该是很普遍的，不少教师在教育中可能更加直露。这个教师应该确实不是为了炒作，为了出名。但另一个有趣的现象是，你经常听到家长在教育孩子的时候却是另一种腔调。家长说："孩子，你要全面发展，各门功课都要出色，因为现在除了语、数、外，还要考综合。还要注意身体和心理健康。"这样的家长绝对是教育的内行。

　　教师肯定没少讲大道理，没少讲全面发展的话。家长也肯定没少讲家常话，没少说"黄金屋"、"颜如玉"的话。大家都讲疲劳了，都讲得理屈词穷了，结果就不由自主、不约而同地改换了身份，除了无奈就是可叹，我们的老师和家长俨然黔驴技穷了。错位的教育，除了揭示教育者的问题外，对学生也有着错位的影响。最大的问题，就是学生对教育的不认可和麻木。有的家长提到教育孩子总是唉声叹气，说现在的孩子太不听话，太不讲道理了，你讲的什么话，他们都听不进去，哪怕你讲的是"金香玉"。是的，一个孩子，从小学甚至从幼儿园开始，就接受学习是如何重要的教育了。每个教师，每个年级，每天全天候全方位地接受这种道理的教育，回到家里又是天天讲、月月讲、年年讲。听到的学习重要的话无时无刻不充盈在耳边。调查显示，学生认为世界上最啰嗦的人学校里是班主任，家庭里是母亲。班主任被誉为是"小媳妇的腿，老婆婆的嘴"，每天向学生灌输的就是一个主题："学习重要"。妈妈就会说一句话"怎么还不学习"。孩子从小到大，听到的这些道理真是如山似海。

　　但确实没有山高，没有海深。因为，我们的说教往往简单化，翻来覆去就是那么几句。道理就那么多，语气就那么单调，表达方式也就那么简单。说来说去，势必让学生反感腻味。而家长和老师又不能不说，否则好像是没有尽到责任和感情，所以就一个劲儿地说下去，想尽办法让孩子耐心听下去，结果就走到了家长和教师的位置置换。

所以那个讲"黄金屋"的老师教育的内容可能有不妥的地方，但他的精神有值得肯定的地方，老师和家长确实不容易。长年累月讲一个话题，再有本事的人也难讲出新意。现在不仅仅是老师和家长这样做了，前不久，看到南方某一本语文杂志，居然在高考语文模拟试卷中，把宋真宗的这首"劝学诗"，也放进了名句默写的内容里了，真是英雄所见略同了。我们不要再对这些现象评头论足了，关键是要寻找到教育学生学习的正确引导点。我们让学生积极愉快地学习的手段，难道只是苦口婆心不厌其烦讲意义和重要吗？

真理重复十遍就是废话！

沉默的大多数

◇ **王小波**

　　君特·格拉斯在《铁皮鼓》里写了一个不肯长大的人。小奥斯卡发现周围的世界太过荒诞，就暗下决心要永远做小孩子。在冥冥之中，有一种力量成全了他的决心，所以他就成了个侏儒。这个故事太过神奇，但很有意思。人要永远做小孩子虽办不到，但想要保持沉默是能办到的。在我周围，像我这种性格的人特多——在公众场合什么都不说，到了私下里则妙语连珠，换言之，对信得过的人什么都说，对信不过的人什么都不说。起初我以为这是因为经历了严酷的时期（"文革"），后来才发现，这是中国人的通病。龙应台女士就大发感慨，问中国人为什么不说话。她在国外住了很多年，几乎变成了个心直口快的外国人。她把保持沉默看作是怯懦，但这是不对的。沉默是一种人类学意义上的文化，一种生活方式。它的价值观很简单：开口是银，沉默是金。一种文化之内，往往有一种交流信息的独特方式，甚至是特有的语言，有一些独有的信息、文化可以传播，等等。这才能叫作文化。沉默有自己的语言。举个住楼的人都知道的例子，假设有人常把一辆自行车放在你门口的楼道上，挡了你的路，你可以开口去说：打电话给居委会；或者直接找到车主，说道，同志，五讲四美，请你注意。此后他会用什么样的语言来回答你，我就不敢保证。我估计他最起码要说你"事儿"，假如你是女的，他还会说你"事儿妈"，不管你有多大岁数，够不够做他妈。当然，你也可以选择以沉默的方式来表达自己对这种行为的厌恶之情：把他车胎里的气放掉。干这件事时，当然要注意别被车主看见。

　　还有一种更损的方式，不值得推荐，那就是在车胎上按上个图钉。有人按了图钉再拔下来，这样车主找不到窟窿在哪儿，补带时更困难。假如车子可以搬动，把它挪到难找的地方去，让车主找不着它，也是一种选择。这方

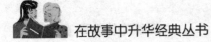

面就说这么多，因为我不想编沉默的辞典。

一种文化必有一些独有的信息、沉默也是有的。戈尔巴乔夫说过这样的话：有一件事是公开的秘密，假如你想给自己盖个小房子，就得给主管官员些贿赂，再到国家的工地上偷点建筑材料。这样的事干得说不得，属于沉默。再加上讲这些话时，戈氏是苏共总书记，所以当然语惊四座。还有一点要补充的，那就是：属于沉默的事用话讲了出来，总是这么怪怪的。

沉默也可以传播。在某些年代里，所有的人都不说话了，沉默就像野火一样四下蔓延着。把这叫做传播，多少有点过甚其辞，但也不离大谱。在沉默的年代里，人们也在传播小道消息，这件事破坏了沉默的完整性。好在这种话语我们只在一些特定的场合说，比方说，公共厕所。最起码在追查谣言时，我们是这样交代的：这话我是在厕所里听说的！这样小道消息就成了包含着排便艰巨的呓语，不值得认真对待。另外，公厕虽然也是公共场合，但我有种强烈的欲望，要把它排除在外，因为它太脏了。

我属于沉默的大多数。从我懂事的年龄，就常听人们说，我们这一代，生于一个神圣的时代，多么幸福，而且肩负着解放天下三分之二受苦人的神圣使命，等等。在甜蜜之余也有一点怀疑：这么多美事怎么都叫我赶上了。再说，含蓄是我们的家教。

在"三年困难时期"，有一天开饭时，每人碗里有一小片腊肉。我弟弟见了以后，按捺不住心中的狂喜，冲上阳台，朝全世界放声高呼：我们家吃大鱼大肉了！结果是被我爸爸拖回来臭揍了一顿。经过这样的教育，我一直比较深沉。所以听到别人说我们多么幸福、多么神圣，别人在受苦，我们没有受等等时，心里老在想着：假如我们真遇上了这么多美事，不把它说出来会不会更好。当然，这不是说，我不想履行自己的神圣职责。对于天下三分之二的受苦人，我是这么想的：与其大呼小叫说要去解放他们、让人家苦等，倒不如一声不吭，忽然有一天把他们解放，给他们一个意外惊喜。总而言之，我总是从实际的方面去考虑，而且考虑得很周到。智者千虑尚且难免一失，何况当年我只是个小孩子。我就没想到这些奇妙的话语只是说给自己听的，而且不准备当真去解放谁。总而言之，家教和天性谨慎，是我变得沉默的起因。

与沉默的大多数相反，任何年代都有人在公共场合喋喋不休。我觉得他们是少数人，可能有人会不同意。如福科先生所言，话语即权力。当我的同龄人开始说话时，给我一种极恶劣的印象。有位朋友写了一本书，写的是自己在"文革"中的遭遇，书名为"血统"。可以想见，她出身不好。她要我给她的书写个序。这件事使我想起来自己在那些年的所见所闻。"文革"开始时，我十四岁，正上初中一年级。有一天，忽然发生了惊人的变化，班上的一部分同学忽然变成了"红五类"，另一部分则成了"黑五类"。我自己的情况特殊，还说不清是哪一类。当然，这红和黑的说法并不是我们发明出来的，这个变化也不是由我们发起的。照我看来，"红的"同学忽然得到了很大的好处，这是值得祝贺的。"黑的"同学忽然遇上了很大的不幸，也值得同情。不等我对他们一一表示祝贺和同情，一些"红的"同学就把脑袋刮光，束上了大皮带，站在校门口，问每一个想进来的人——你什么出身？他们对同班同学问得格外仔细，一听到他们报出不好的出身，就从牙缝里迸出三个字："狗崽子！"当然，我能理解他们突然变成了"红五类"的狂喜，但为此非要使自己的同学在大庭广众下变成"狗崽子"，未免也太过分了。这使我以为，使用话语权是人前显贵，而且总都是为了好的目的。现在看来，我当年以为的未必对，但也未必全错。

话语有一个神圣的使命，就是想要证明说话者本身与众不同，是芸芸众生中的佼佼者。现在常听说的一种说法是：中国人拥有世界上最杰出的文化，在全世界一切人中最聪明。对此我不想唱任何一种反调，我也不想当人民公敌。我还持十几岁时的态度：假设这些都是实情，我们不妨把这些保藏在内心处不说，"闷兹蜜"。这些话讲出来是不好的，正如在"文革"时，你可以因自己是"红五类"而沾沾自喜，但不要到人前去显贵，更不要说别人是"狗崽子"。根除了此类话语，我们这里的话就会少很多，但也未尝不是好事。

现在我要说的是另一个题目：我上小学六年级时，暑期布置的读书作业是《南方来信》。那是一本记述越南人民抗美救国斗争的读物，其中充满了处决、拷打和虐杀。

看完以后，心里充满了怪怪的想法。那时正在青春期的前沿，差一点要变成个性变态了。总而言之，假如对我的那种教育完全成功，换言之，假如那些园丁、人类灵魂的工程师对我的期望得以实现，我就想象不出现在我怎能不嗜杀成性、怎能不残忍，或者说，在我身上，怎么还会保留了一些人性。

好在人不光是在书本上学习，还会在沉默中学习。这是我人性尚存的主因。

现在我就在发掘沉默，但不是作为一个社会科学工作者来发掘。这篇东西大体属于文学的范畴，所谓文学就是：先把文章写到好看，别的就管××。现在我来说明自己为什么人性尚存。"文化大革命"刚开始时，我住在一所大学里。有一天，我从校外回来，遇上一大伙人，正在向校门口行进。走在前面的是一伙大学生，彼此争论不休，而且嗓门很大，当然是在用时髦话语争吵。除了毛主席的教导，还经常提到"十六条"。所谓十六条，是中央颁布的展开文化革命的十六条规定，其中有一条叫作"要文斗、不要武斗"，制定出来就是供大家违反之用。在那些争论的人之中，有一个人居于中心地位，但他双唇紧闭，一声不吭，唇边似有血迹。在场的大学生有一半在追问他，要他开口说话；另一半则在维护他，不让他说话。"文化革命"里到处都有两派之争，这是个具体的例子。至于队伍的后半部分，是一帮像我这么大的男孩子，一个个也是双唇紧闭，一声不吭，但唇边没有血迹，阴魂不散地跟在后面。有几个大学生想把他们拦住，但是不成功，你从正面拦住，他们就从侧面绕过去，但保持着一声不吭的态度。这件事相当古怪，因为我们院里的孩子相当厉害，不但敢吵敢骂，而且动起手来，大学生还未必是个儿，那天真是令人意外的老实。我立刻投身其中，问他们出了什么事，怪的是这些孩子都不理我，继续双唇紧闭，两眼发直，显出一种坚忍的态度，继续向前行进——这情形好像他们发了一种集体性的癔症。

有关癔症，我们知道，有一种一声不吭，只顾扬尘舞蹈；另一种喋喋不休，就不大扬尘舞蹈。不管哪一种，心里想的和表现出来的完全不是一回事。我在北方插队时，村里有几个妇女有癔症，其中有一位，假如你信她的说法，她其实是个死去多年的狐狸，成天和丈夫（假定此说成立，这位丈夫就是个奸兽犯）吵吵闹闹，以狐狸的名义要求吃肉。但肉割来以后，她要求把肉煮熟，并以大蒜佐餐。很显然，这不合乎狐狸的饮食习惯。所以，实际上是她，而不是它要吃肉。至于"文化革命"，有几分像场集体性的癔症，大家闹的和心里想的也不是一回事。但是我说的那些大学里的男孩子其实没有犯癔症。后来，我揪住了一个和我很熟的孩子，问出了这件事的始末：原来，在大学生宿舍的盥洗室里，有两个学生在洗脸时相遇，为各自不同的观点争辩起来。争着争着，就打了起来。其中一位受了伤，已被送到医院。另一位没受伤，理所当然地成了打人凶手，就是走在队伍前列的那一位。这一大伙人在理论上是前往某个机构（叫作校革委还是筹委会，我已经不记得了）讲理，实际上是在校园里做无目标的布朗运动。

这个故事还有另一个线索：被打伤的学生血肉模糊，有一只耳朵（是左耳还是右耳已经记不得，但我肯定是两者之一）的一部分不见了，在现场也没有找到。根据一种安加莎·克里斯蒂式的推理，这块耳朵不会在别的地方，只能在打人的学生嘴里，假如他还没把它吃下去的话；因为此君不但脾气暴躁，急了的时候还会咬人，而且咬了不止一次了。我急于交代这件事的要点，忽略了一些细节，比方说，受伤的学生曾经惨叫了一声，别人就闻声而来，使打人者没有机会把耳朵吐出来藏起来，等等。总之，此君现在只有两个选择，或是在大庭广众之中把耳朵吐出来，证明自己的品行恶劣，或者把它吞下去。我听到这些话，马上就加入了尾随的行列，双唇紧闭，牙关紧咬，并且感觉到自己嘴里仿佛含了一块咸咸的东西。

现在我必须承认，我没有看到那件事的结局：因为天晚了，回家太晚会有麻烦。但我的确关心着这件事的进展，几乎失眠。这件事的结局是别人告诉我的：最后，那个咬人的学生把耳朵吐了出来，并且被人逮住了。不知你会怎么看，反正当时我觉得如释重负：不管怎么说，人性尚且存在。同类不会相食，也不会把别人的一部分吞下去。当然，这件事可能会说明一些别的东西：比方说，咬掉的耳朵块太大，咬人的学生嗓子眼太细，但这些可能性我都不愿意考虑。我说到这件事，是想说明我自己曾在沉默中学到了一点东西，而这些东西是好的。这是我选择沉默的主要原因之一：从话语中，你很少能学到人性，但从沉默中却能。假如还想学得更多，那就要继续一声不吭。

有一件事大多数人都知道：我们可以在沉默和话语两种文化中选择。我个人经历过很多选择的机会，比方说，插队的时候，有些插友就选择了说点什么，到"积代会"上去"讲用"，然后就会有些好处。有些话年轻的朋友不熟悉，我只能简单地解释道：积代会是"活学活用毛主席著作积极分子代表大会"，讲用是指讲自己活学活用毛主席著作的心得体会。参加了积代会，就是积极分子。而积极分子是个好意思。

另一种机会是当学生时，假如在会上积极发言，再积极参加社会活动，就可能当学生干部，学生干部又是个好意思。这些机会我都自愿地放弃了。

选择了说话的朋友可能不相信我是自愿放弃的，他们会认为，我不会说话或者不够档次，不配说话。因为话语即权力，权力又是个好意思，所以的确有不少人挖空心思要打进话语的圈子，甚至在争夺"话语权"。我说我是自愿放弃的，有人会不信——好在还有不少人会相信。

主要的原因是进了那个圈子就要说那种话，甚至要以那种话来思索，我觉得不够有意思。据我所知，那个圈子里常常犯着贫乏症。

二十多年前，我在云南当知青。除了穿着比较干净、皮肤比较白皙之外，当地人怎么看待我们，是个很费猜的问题。我觉得，他们以为我们都是台面上的人，必须用台面上的语言和我们交谈——最起码在我们刚去时，他们是这样想的。这当然是一个误会，但并不讨厌。还有个讨厌的误会是：他们以为我们很有钱，在集市上死命地朝我们要高价，以致我们买点东西，总要比当地人多花一两倍的钱。后来我们就用一种独特的方法买东西：不还价，甩下一叠毛票让你慢慢数，同时把货物抱走。等你数清了毛票，连人带货都找不到了。起初我们给的是公道价，后来有人就越给越少，甚至在毛票里杂有些分票。假如我说自己洁身自好，没干过这种事，你一定不相信，所以我决定不争辩。终于有一天，有个学生在这样买东西时被老乡扯住了，但这个人绝不是我。那位老乡决定要说该同学一顿，期期艾艾地憋了好半天，才说出：哇！不行啦！思想啦！斗私批修啦！后来我们回家去，为该老乡的话语笑得打滚。可想而知，在今天，那老乡就会说：哇！不行啦！五讲啦！四美啦！三热爱啦！同样也会使我们笑得要死。从当时的情形和该老乡的情绪来看，他想说的只是一句很简单的话，那一句话的头一个字发音和洗澡的澡有些相似。我举这个例子，绝不是讨了便宜又要卖乖，只是想说明一下话语的贫乏。用它来说话都相当困难，更不要说用它来思想了。话语圈子里的朋友会说，我举了一个很恶劣的例子——我记住这种事，只是为了丑化生活，但我自己觉得不是的。还有一些人会说，我们这些熟练掌握了话语的人在嘲笑贫下中农，这是个卑劣的行为。说实在的，那些话我虽耳熟，但让我把它当众讲出口来，那情形不见得比该老乡好很多。我希望自己朴实无华，说起话来，不要这样绕嘴，这样古怪，这样让人害怕。这也是我保持沉默的原因之一。

中国人有句古话：敬惜字纸。这话有古今两种通俗变体：古代人们说，用印了字的纸擦屁股要瞎眼睛；现代有种近似科学的说法，用有油墨的纸擦屁股会生痔疮。其实，真正要敬惜的根本就不是纸，而是字。文字神圣。我没听到外国有类似的说法，他们那里神圣的东西都与上帝有关。人间的事物要想神圣，必须经过上帝或者上帝在人间代理机构的认可。听说，天主教的主教就需要教皇来祝圣。相比之下，中国人就不需要这个手续。只要读点书，识点字，就可以写文章。写来写去，自祝自圣。这件事有好处，也有不好处。好处是达到神圣的手续甚为简便，坏处是写什么都要带点"圣"气，就丧失了平常心。我现在在写字，写什么才能不亵渎我神圣的笔，真是个艰巨的问题。古代和近代有两种方法可以壮我的胆。古代的方法是，文章要从"夫子曰"开始；近代的方法是从"毛主席教导我们说"开始。这两种方法我都不拟采用。其结果必然是：这篇文字和我以往任何一篇文字一样，没有丝毫的神圣性。我们所知道，并且可以交流的信息有三级：一种心知肚明，但既不可说也不可写。另一种可说不可写，我写小说，有时就写出些汉语拼音来。最后一种是可以写出来的。当然，说得出的必做得出，写得出的既做得出也说得出；此理甚明。人们对最后这类信息交流方式抱有崇敬之情。在这方面我有一个例子：我在云南插队时，有一阵是记工员。队里的人感觉不舒服不想上工，就给我写张假条。有一天，队里有个小伙子感觉屁股疼，不想上工。他可以用第一种方式通知我，到我屋里来，指指屁股，再苦苦脸，我就会明白。用第二种方法也甚简便。不幸他用了第三种方式。我收到那张条子，看到上面写着"龟头疼"，就照记下来。后来这件事就传扬开来，队里的人还说，他得了杨梅大疮，否则不会疼在那个部位上。因此他找到我，还威胁说要杀掉我。经过核实原始凭据，发现他想按书面语言，写成臀部疼，不幸写成了"电布疼"，除此之外，还写得十分歪歪斜斜，以致我除了认作龟头疼，别无他法。其实呢，假如他写屁股疼，我想他是能写出的；此人既不是龟头疼，也不是屁股疼，而是得了痔疮；不过这一点已经无关紧要了。要紧的是人们对于书面话语的崇敬之情。假如这种话语不仅是写了出来，而且还印了出来，那它简直就是神圣的了。但不管怎么说罢，我希望人们在说话和写文章时，要有点平常心。屁股疼就说屁股疼，不要写电布疼。至于我自己，丝毫也不相信有任何一种话语是神圣的。缺少了这种虔诚，也就不配来说话。我所说的一切全都过去了。

我还不至为此感到痛苦，但也有一点轻微的失落感，我们的话语圈从20

世纪 50 年代起，就没说过正常的话：既鼓吹过亩产三十万吨粮，也炸过精神原子弹。说得不好听，它是座声名狼藉的疯人院。如今我投身其中，只能有两种可能：一是它正常了，二是我疯掉了，两者必居其一。我当然想要弄个明白，但我无法验证自己疯没疯。在这方面有个例子：当年里根先生以 70 以上的高龄竞选总统，有人问他：假如你当总统以后老糊涂了怎么办？里根先生答道：没有问题。假如我老糊涂了，一定交权给副总统。然后人家又问：你老糊涂了以后，怎能知道自己老糊涂了？他就无言以对。这个例子对我也适用：假如我疯掉了，一定以为自己没有疯。我觉得话语圈子比我容易验证一些。

假如你相信我的说法，沉默的大多数比较谦虚、比较朴直、不那么假正经，而且有较健全的人性。如果反过来，说那少数说话的人有很多毛病，那也是不对的。不过他们的确有缺少平常心的毛病。

几年前，我参加了一些社会学研究，因此接触了一些"弱势群体"，其中最特别的就是同性恋者。做过了这些研究之后，我忽然猛省到：所谓弱势群体，就是有些话没有说出来的人。就是因为这些话没有说出来，所以很多人以为他们不存在或者很遥远。在中国，人们以为同性恋者不存在。在外国，人们知道同性恋者存在，但不知他们是谁。有两位人类学家给同性恋者写了一本书，题目就叫做"……"。然后我又猛省到自己也属于古往今来最大的一个弱势群体，就是沉默的大多数。这些人保持沉默的原因多种多样，有些人没能力或者没有机会说话；还有人有些隐情不便说话；还有一些人，因为种种原因，对于话语的世界有某种厌恶之情。我就属于这最后一种。

对我来说，这是青少年时代养成的习惯，是一种难改的积习。小时候我贫嘴聊舌，到了一定的岁数之后就开始沉默寡言。当然，这不意味着我不会说话——在私下里我说的话比任何人都不少——这只意味着我放弃了权力。不说话的人不仅没有权力，而且会被人看做不存在，因为人们不会知道你。我曾经是个沉默的人，这就是说，我不喜欢在各种会议上发言，也不喜欢写稿子。这一点最近已经发生了改变，参加会议时也会发言，有时也写点稿。对这种改变我有种强烈的感受，有如丧失了童贞。这就意味着我违背了多年以来的积习，不再属于沉默的大多数了。我还不至于为此感到痛苦，但也有一点轻微的失落感。现在我负有双重任务，要向保持沉默的人说明，现在我为什么要进入话语的圈子；又要向在话语圈子里的人说明，我当初为什么要保持沉默，而且很可能在两面都不落好。照我看来，头一个问题比较容易回答。我发现在沉默的人中间，有些话永远说不出来。照我看，这件事是很不对的。因此我就很想要说些话。当然，话语的圈子里自然有它的逻辑，和我这种逻辑有些距离。虽然大家心知肚明，但我还要说一句，话语圈子里的人有作家、社会科学工作者，还有些别的人。出于对最后一些人的尊重，就不说他们是谁了——其实他们是这个圈子的主宰。我曾经是个社会科学工作者，那时我想，社会科学的任务之一，就是发掘沉默。就我所知，持我这种立场的人不会有好下场。不过，我还是想做这件事。

第二个问题是：我当初为什么要保持沉默。这个问题难回答，是因为它涉及一系列复杂的感觉。一个人决定了不说话，他的理由在话语圈子里就是说不清的。但是，我当初面对的话语圈和现在的话语圈已经不是一个了——虽然它们有一脉相承之处。在今天的话语圈里，也许我能说明当初保持沉默的理由。而在今后的话语圈里，人们又能说明今天保持沉默的理由。对沉默的说明总是要滞后于沉默。倘若你问，我是不是依然部分地保持了沉默，就是明知故问——不管怎么说，我还是决定了要说说昨天的事。但是要慢慢地说。

七八年前，我在海外留学，遇上一位老一辈的华人教授。聊天的时候他问：你们把太太叫作"爱人"——那么，把 lover 叫作什么？我呆了一下说道：叫作"第三者"罢。他朝我哈哈大笑了一阵，使我感觉受到了暗算，很不是滋味。回去狠狠想了一下，想出了一大堆：情人、傍肩儿、拉边套的、乱搞男女关系的家伙、破鞋或者野汉子，越想越歪。人家问的是我们所爱的人应该称作什么，我竟答不上来。倘若说大陆上全体中国人就只爱老婆或老公，别人一概不爱，那又透着虚伪。最后我只能承认：这个称呼在话语里是没有的，我们只是心知肚明，除了老婆和老公，我们还爱过别人。以我自己为例，我老婆还没有和我结婚时，我就开始爱她，那时她只是我的女朋友。根据话语的逻辑，我该从领到了结婚证那一刻开始爱她，既不能迟，也不能早。不过我很怀疑谁控制自己感情的能力有这么老到。由此可以得到两个推论：其一，完全按照话语的逻辑来生存，实在是困难得很。其二，创造话语的人是一批假正经。沿着第一个推理前进，会遇上一堆老话。越是困难，越是要上；存天理灭人欲嘛——那些陈康烂谷子太多了，不提也罢。让我们沿着第二条道路前进："爱人"这个字眼让我们想到什么？做爱。这是个外来语，从"make love"硬译而来。本土的词儿最常用的有两个，一个太粗，根本不能写。另外一个叫作"敦伦"。这个词儿实在有意思。假如有人说，他总是以敦厚人伦的虔敬心情来干这件事，我倒想要认识他，因为他将是我所认识的最不要脸的假正经。为了捍卫这种神圣性，做爱才被叫作"敦伦"。

现在可以说说我当初保持沉默的原因。时至今日，哪怕你借我个胆子，我也不敢说自己厌恶神圣。我只敢说我厌恶自己说自己神圣，而且这也是实情。

在一个科幻故事里，有个科学家造了一个机器人，各方面都和人一样，甚至和人一样的聪明，但还不像人。因为缺少自豪感，或者说是缺少自命不凡的天性。这位科学家就给该机器人装上了一条男根。我很怀疑科学家的想法是正确的。照我看来，他只需要给机器人装上一个程序，让他到处去对别人说：我们机器人是世界上最优越的物种，就和人是一样的了。

但是要把这种经历作为教学方法来推广是不合适的。特别是不能用咬耳朵的方法来教给大家人性的道理，因为要是咬人耳的话，被咬的人很疼，咬猪耳的话，效果又太差。所以，需要有文学和社会科学。我也要挤入那个话语圈，虽然这个时而激昂、时而消沉、时而狂吠不止、时而一声不吭的圈子，在过去几十年里从来就没教给人一点好的东西，但我还要挤进去。

教师的魅力在于个性

◇ **赵宪宇**

有好几位老师，他们的形象总是浮现在我的脑海里。仔细想来倒不是他们的学识，甚至不是现在我们所强调的师德方面的正统内容。

我高中时有一位外语教师，本来是学俄语的，但刚恢复高考的时候缺英语老师，就让他教英语，教得肯定没有正宗的英语老师好，但我们大家都喜欢他，非常尊敬他。每次学校搞的民意测验，我们班的学生总是给他打最高分。他的特点倒是很突出，比瘦骨嶙峋还瘦。我们看到他总会想到鲁迅先生，还想到朱自清先生，因为这两位先生最瘦的时候也都只有六七十斤。但我们的这位老师却很特别，他有一身的功夫，软硬功夫都有。都说他有武功，我们也想看到，但他从来不露出来，真可叫真人不露相。据说他都是在每天早晨和晚上没人的时候练的，越传越神，我们也就越发敬仰。毕业的时候，我们请他吃饭，酒馆里有几个小青年想找茬儿，我们这些刚刚出校门的学生很害怕。但老师却不动声色，抓起一个啤酒瓶砸在自己的头上。酒瓶破碎，老师的脑袋无恙，小青年溜走，自始至终老师都没有说一句话。我觉得他真有魅力，自己一直也想做这样的人。

还有一个语文老师，也很有个性。可能是受古代文学的影响，总是斜眼看世界。我们感到他刚毕业来教我们时，眼睛看人还是顺顺的。但两三年过去了，大家都感到他的黑眼珠好像是明显地减少，白眼珠却是明显地偏多。有一次，我们看到他到食堂吃饭的时候，拿了一只破碗，不知道他要干什么。那时候我们和老师在一个食堂用餐，甚至是坐在一起吃饭的，但那次是只见他去，就是不知道他在哪里吃的那顿饭。后来才听说他闹了一场风波，原来那天有上边所谓检查工作的人来吃喝，学校去陪吃的也一大帮。于是他拿了只破碗，往桌子上一放，说每人都要按伙食标准交上饭钱。大家都愣了，校

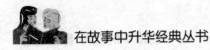

长劝他冷静，来的客人也忙请他入座。他倒是也没有怎样僵持，和客人以及陪客的一起吃了那顿应该是不愉快的中餐。据说从那以后学校的招待费明显减少了，而不久，我的这位老师也调走了。

在学生的印象中，不修边幅的老师总能和学生很亲近。现在我们提倡教师要注重仪表，但在学生心目中不修边幅的老师也有他们的魅力所在，我小学的一位老师就是这样的。他好像从来都不会穿衣服的，帽子戴得也总是不合时宜。春天来了，人家都穿着单衣了，他却还穿棉大衣。有人问他，他说生来就怕冷。但冬天的时候，他却往往穿得很单。他和学生很亲近，学生也和他没有距离。有学生给他取了个外号，叫"大头"，他不生气，还笑。其他老师批评学生没有礼貌，他往往还站在学生一边辩护，说有外号的人显得生动。有一次，他上课的时候，烟瘾犯了，就问大家是否可以抽上一口。学生居然一起回答"可以"。他刚刚点上，一个外号叫"油条"的学生走上讲台，也拿起一支烟，向他借火。我们大家都笑了，这次他却生气了。赶紧把烟熄掉了，大概只吸了一口。真不知道他当时怎么想的，我现在甚至还想知道。下课后我们班的大个子把"油条"揍了一顿，但没有一个人到校方去打报告。

我做老师的时候，曾经多次让学生写写自己的老师，但大都是很让我失望。他们总是写自己老师的眼睛里布满血丝，带病坚持工作，累倒在讲台上等。我批评学生不注意观察，但仔细想想，我们现在的老师确实都基本上是一副形象，大家好像都是每天在课堂上讲练习、对答案，结果把自己也训练成一个模式、一种样子和一种状态。我听了很多课，教学内容的千篇一律，使老师也千篇一律，从而也造就了我们学生作文的千篇一律。哪个老师好，哪个老师的印象深，看来只有一个标准了，那就是累得趴下的是印象最深最好的老师了。

为什么还要上这堂课？

◇ 吴　铭

北京，某校。上课铃声在校园里响出共鸣。铃声止息，所有的走廊都静悄悄。这是一所很好的学校。这是学校里一个很好的班，学生们已坐得整整齐齐。

今天，英美教育专家要来这个班听课。他们已经来了，他们听到自己的皮鞋在教学楼宽敞的长廊里发出清晰的声响……陪同前来的还有中方教育部门的领导。大家坐定，教课的老师走进来了。

同学们起立后坐下，老师侧立于黑板前。他的目光没有去巡视全班同学，而是望向窗外。老师的头上已有不少白发，黑板衬出他侧立的剪影……这时候，你发现，当连学生窃窃私语都没有时，教室里也并非完全安静。

你还能听到翻动书包的声音，一支笔从谁的手上放到桌面……老师仍然侧立，望着窗外，好像在酝酿什么。就这片刻，你听到，静了，更静了，一切声音都没有了，世界静到连听课的外国专家也仿佛不存在了。

这时，老师转过身来从容说道："现在开始上课。"

老师语言精练，没有废话。老师教态从容，板书时大家听到粉笔在黑板上行走的声音。板书非常漂亮，极有条理。老师提问，学生回答踊跃，而且答得相当有水平。

老师间或又在黑板上写出若干字。黑板上的字渐渐丰满起来，那字大小不一。有些字，老师大笔一挥划上一个圈，或一个框，或一个大三角，看起来错落有致，鳞次栉比，像一个框架图。

整堂课，老师没有擦一下黑板，也不必学生上去擦黑板。板书上没有多余的字，写上去的就是重点，就是学生该抄到笔记本上去的。老师继续提问，学生解答仍然踊跃，仍然不乏精彩。

整个教学过程非常流畅。最后老师说："今天要讲的就讲完了，同学们回

去做一做课本上的习题，巩固一下。"

铃声响。下课。整堂课无懈可击。这是一位特级教师，他露出了笑容。同学们都很高兴。陪同外国专家听课的中方教育部门的领导也很高兴。外国专家听了却说不出话来。

"或许他们也很惊叹？等到了会议室再听他们的意见吧！"中方人员想。到了会议室，我们虚心地请外国同行提意见。

外国同行说话了，他们说："不理解。"

我们问："为什么不理解？"

他们说："学生都答得很好，看起来学生们都会了，为什么还要上这堂课？"

这个问题，把中国同行都问住了。

这问题反映的就是当今欧美教育和中国教育的区别。欧美教育认为，当老师讲得非常完整、完美、无懈可击时，就把学生探索的过程取代了，而取代了探索的过程，就无异于取消了学习能力的获得。

所以，外国同行说，他们想看中国学生在课堂上是怎么学的，但他们只见老师不见学生，因而认为这不是一堂真正的课，而像是一堂表演课——学生在看老师表演。

可是，教学、教学，在课堂上的45分钟，难道不是老师该教得精彩、精辟吗？学生除了课堂听讲和踊跃回答问题，课外不是还有许多时间去练习和温习吗？

这不仅是中国教师的理念。中国家长都希望孩子能上个好学校，能遇到好老师，不就是看重老师教的水平吗？"儿子啊，你上课别说话，别做小动作，你得好好听！不好好听，你怎么能学会呢？"所有的家长都这样说。

可是西方教育认为：学生上课就是要说话，要动手，要又说又动，说做并用。

这是截然不同的两种方式。到底哪一种好？

不要问上述教师是谁，不要问上述那堂课发生在哪里，从都市到乡村，虽然许多教师还达不到这位特级教师的水平，但此种教育方式在中国无数课堂里反复呈现。你会不会问：我们这样教，有什么不对吗？

我选择从这堂"经典课"下笔，是想一步就写出，这已经是我们行之已久的认为很高水平的课，但就是这样的课，是需要从根本上变革的。这意味着中国要变教育，有相当广泛的现状要变，有相当漫长的道路要走。

无形的课程表

◇ **赵宪宇**

究竟有多少课程表，有人说一个班级至少有两张课程表：一张是供检查和汇报用的，是公开的。这个课程表是不算数的，也就是说上课不是按照这个课程表来进行的。一张是学生自己掌握的，往往是在学生的桌子里面，或文具盒里，这张课程表，是上课的真实依照，是秘密的。

其实还不是这样简单，学校真正的课程表，不是有形的，它是看不见的。那么，这张课程表在什么地方呢？它就在教师的心里和行动上。除了那张秘密课程表上的课程学生要上以外，还有一些时间是在课程表上不能体现的，这就由教师自己去安排了。早上早锻炼写的是 5 点 50 分，实际上许多老师要求学生 5 点 30 分就要起来的，先要读一段时间的书。上午课间操有 20 分钟的时间，常常会因为天气的原因而停止，这又是教师拖课或早上课的最佳时间。有的老师更是根本不把课间操的时间放在心上的，照样上自己的课。

中午课程表上明明白白地写着午休，但勤劳的教师又不辞辛苦地来到了教室，给学生辅导，甚至上课。这种老师还经常被认为是好教师，是师德高尚的好园丁。下午，在有形的课程表上是学生的自修，但在无形的课程表上却是上课。晚自修也是如此，真是讲得昏天黑地。

把学生的自修时间用来上课，把学生的休息时间用来上课，提前起床，滞后休息，有的地方的学生居然晚上 10 点才结束晚自修，真是耸人听闻。但在课程表上，还是写着 9 点 30 分熄灯的。

我们在这里还只是从时间的角度上来讲的，至于让学生在无形的课程表的指使下，要完成什么量和质的学习任务，那恐怕是更加恐怖了。

无形的课程表，就像一只无形的手，在控制着学生，在紧绷着学生的心弦。它没有规律，不讲规则，破坏了学生学习的时间安排，更严重的是它侵犯了学生学习的自由和休息的权利。我们一般的人都有一个错觉，以为学生来到学校，一切都可以由学校和老师支配。实际上学生应该享有不可剥夺的自由和休息的权利，我们在很多情况下做的是违反常理甚至是违背人权的事。而我们还麻木不知，还把自己的行为当成一种优秀的品质。

无形的课程表实际上是一张有形的违背人权的情况记录表！